JN152839

ニューヨークの人気スタイリストが教える

似合う服がわかれば人生が変わる

ジョージ・ブレシア 著

item 01

リトル・ブラック・ドレス

item 02

クラシックなトレンチコート

item 03

運命のワンピース

item 04

ペンシルスカート

item 05

非の打ちどころのないきれいめの黒のパンツ

item 06

上質なカシミアのニット

item 07

究極のジーンズ

item 08

シルクのブラウス

item 09

サイズのぴったり合ったブレザー

item 10

完璧なカーディガン

これさえそろえれば一生モノ！ クローゼットの必須アイテム 22

item 11

黒の大きめのストール

item 12

上質な冬のコート

item 13

黒＆ヌードカラーのヒール

item 14

カラフルなスカーフ

item 15

バレエシューズ

item 16

完璧なＴシャツ

item 17
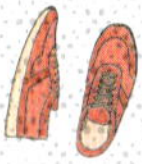
都会的なスニーカー

item 18

存在感のあるジュエリー

item 19

ゴールドかシルバーのフープピアス

item 20

最高のサングラス

item 21

ニュートラルなハンドバッグ

item 22

上質なブラジャー

この本を、勇気を出して自分の殻を破り、
変化という名のクローゼットの扉を開けたあなたに捧げます。

はじめに

服を変えれば人生が変わる

この本は、スタイルやファッションについての本ではありません。

外見に気を配ることで、内面も前向きに変化します――この本は本当の「自分らしさ」を手に入れ、最高の毎日を送るためのものなのです。

たしかにこの本を読めば、おしゃれのルールやヒントや近道を学ぶことができます。だからといって、ファッションに興味のある人だけに向けて書かれているわけではありません。むしろ、ファッションに興味のない人にこそ読んでもらいたい。

なぜなら、この本の究極の目標は、ただ単におしゃれになることではなく、あなたが求めている変化のきっかけになることだから。

そう、着る服を変えれば、本当に人生を変えることができるのです。

話が大きすぎてついていけないと思っている人は、小さな変化を一つずつ積み重ねていけば、最終的に人生も変えることができるのだと考えてください。小さな変化を起こすだけで、必ずや結果につながります。

そんなふうに断言できるのは、実際にこの目で何度も目撃してきたからです。外見をほんの少し変えるだけで、人生も変えることができる——そのお手伝いができるのが、スタイリストという私の仕事が持つ大きなやりがいでもあります。

私のアドバイスでファッションを変えた人が、周りの見る目が変わるのを実感し、人生に対しても前向きになれる――そんな変化を、たった半日で起こすことができるのです。

たとえば私のクライアントは、身につける色をがらりと変えたところ、とたんに同僚たちから笑顔で話しかけられることが増えました。職場だけでなく、週末に自宅の近所を歩いているときも変化を実感できました。いつもは無愛想な人が、「なんだか雰囲気が変わりましたね」とわざわざ話しかけてきたのです。

服にきちんと気を配るようになると、人生全体が好転するようになります。

ジャンヌの例を紹介しましょう。彼女は独身で、似合わない服ばかり着ていました。会社の広報責任者という仕事にもふさわしくない服です。当然ながら、未来の夫を探す場面でも服装がネックになっていました。それが私のアドバイスで服装を変えると、その年のうちに心から愛する男性と出会い、結婚したのです。

クローゼットを変えることで人生を変えた女性は、彼女だけではありません。次は、あなたの番です。

似合う服には人生を変える力があります

女性なら誰でも、似合う服には大きな力があることを知っているでしょう。服装がぴたりと決まった日は、玄関を出た瞬間から堂々としていられます。

なにも一日中、鏡に映った自分を眺めたり、セルフィーをバシバシ撮ったりするわけではないし、自分の着ているものを思い出すこともないかもしれません。ただウキウキして足取りも軽くなる――とにかく一日がどんどんいい方向に転がっていくのを実感できますよね。

ファッションが持つ力についてはきちんとした科学的な裏づけもあります。調査によると、**周囲から魅力的だと思われている人は、就職の面接でも有利で、飛行機の座席をアップグレードしてもらえたり、レストランでいちばんいい席に案内されたりする確率も高くなるというのです。**

服には、その人が持つ本来の美しさを引き出す力があります。そして外見が美しくなれば、その恩恵を受けることができるのです。

それが、「スタイル」が持つ力です。

私がこの本を書いた究極の目標は、読者であるあなたに、きちんとした装いが持つ力を実感してもらうことです。似合う服を着て、ウキウキと足取りも軽くなり、自然な自信を身につける――そんな毎日を送ってもらいたいのです。

クローゼットの扉を開けるときに、うんざりするのではなく、ワクワクした気持ちになってもらいたい。そして玄関を出るときは、世界を征服できるような気持ちになってもらいたい。

服を変えれば気持ちが変わり、気持ちが変わると毎日の生活も変わるのです。

あなたらしいスタイルとは?

私のクライアントにはセレブをはじめキャリアウーマンなどさまざまな人がいますが、中でも多いのが女優です。「見た目」や「印象」について、実に多くのことを考える必要があります。オーディションの服装を考えるときは、ただゴージャス

な美人をめざせばいいわけではありません。狙っている役柄の特徴や性格を分析し、それに見合った装いを考えます。

編集者の役なら、それらしく見えなければならない。では、編集者らしい見た目とは？　やり手弁護士の役で、私生活では二人の子持ちというような雰囲気を出さなければならない、など。

そういった微妙な特徴をファッションで表現するには、どうすればいいのでしょう。

スタイルは言葉です。たくさんの小さなメッセージが集まって、スタイルという一つの言葉になっています。日々出会うさまざまな人たちが、そのメッセージを解読し、あなたという人間のイメージを作り上げている——。

この本から学べるのは、自分の最高の美しさを引き出す方法だけではありません。スタイルが発している微妙なメッセージの謎を解明し、**自分の印象を自分でコントロールする方法も学**

べるようになっています。

本書の最終的な目標は、あなたに「ファッションＩＱ」を磨いてもらうこと。プロのスタイリストの技を身につけ、最高に似合う服をコーディネートできるようになってもらいたいのです。必ずできますから、信じてついてきてください。

ジョージ・ブレシア

Chapter 2

P.53

何を着ればいいかわからない！
毎朝の身支度を変えるまったく新しい方法

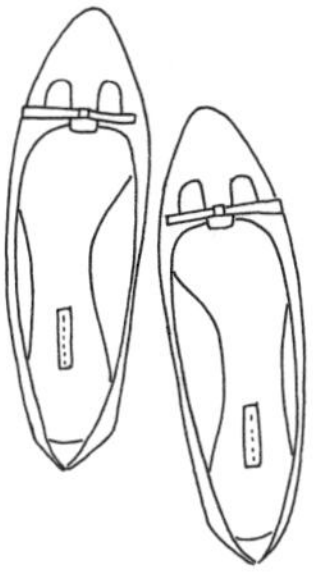

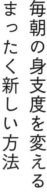

Chapter 3

これさえそろえれば一生モノ！ クローゼットの必須アイテム22

Chapter 5

着ない服だらけじゃ意味がない あなたの「人生クローゼット」を大改造

Chapter 6

P.229

似合うものがわかれば楽しい ショッピングは生まれ変わるきっかけ

Chapter 7

P.267

もう服選びで悩まない

理想の自分・理想の人生を手に入れましょう

ショッピングの達人になれる7つのポイント
クローゼットは生きている
人生のスランプもファッションで乗りきれる
「最高のファッション」を毎日の習慣に
あなただけのファッションを楽しんで！

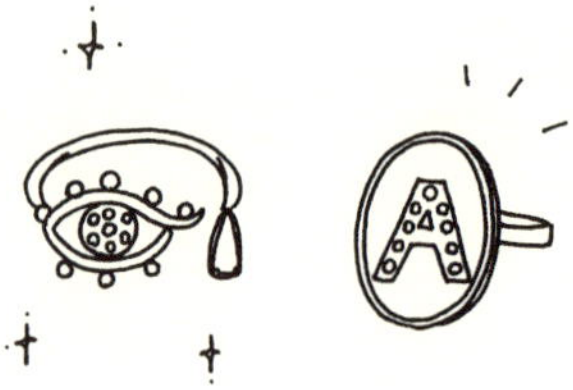

Chapter 1

なぜその服を選んだの？

服が持つメッセージを読み解きましょう

スタイルとは、
複雑な事柄を簡単に表現する方法だ。

——ジャン・コクトー

あなたの現在のファッションは、めちゃくちゃな状態かもしれないし、またはほんの少し改善すればいいだけかもしれません。出発点がどこであれ、この本を手に取ったということは、変化を求めている証拠です。

昔からおしゃれが大の苦手で、今やっと正面から向き合う気になったという人もいるでしょう。

仕事や人生で変化を起こしたいと考えていて、どうせなら自分の外見も向上させたいけれど、具体的にどうすればいいのかわからないのかもしれませんね。

スタイリストである私にとって、ファッションは純粋な楽しみです。とはいえ、すべての人がそうでないことはわかっています。クライアントの中には、おしゃれが本当に苦手で、精神的な苦痛にまでなっている人もたくさんいました。

ファッションは複雑で根深い問題です。それなのに、お金をかけて服をすべて買い換えれば、簡単に解決できると勘違いされています。

でも、お金さえかければおしゃれになれるという考えは間違っています。

私が思うに、すべての問題はその人の内面に原因があるのです。自分の外見や性格

に対する自信のなさや、頑固な思い込み。すべての根本にあるのは恐怖心です――見られることへの恐怖、無視されることへの恐怖、変化への恐怖、年を取ることへの恐怖、進歩することへの恐怖、責任への恐怖、など。

本当の「自分らしさ」が自分でもわからず、人生でいろいろな役割を演じているうちにすっかり混乱してしまっているのです。

なぜ、人はファッションのこととなると感情的になってしまうのでしょうか。

人間が服を着るのは、何よりもまず裸でいないため。服はつねに皮膚に密着する存在であるために、自分のボディイメージや自尊心、自信、アイデンティティーとも密接に関わってきます。

服は、内側にあるもっともパーソナルな世界と、外側にある公の世界をつなげる橋の役割を果たしています。私たちはその橋を使って、自分の内面と外の世界を行ったり来たりするのです。

いわば服は、着る人の姿を変える魔法のマントのようなもの。着る人の気持ちを大きく左右すると同時に、見知らぬ人、知人、家族など、すべての周りの人に与える印象にも大きな影響を与えます。私たちの持ち物の中で、服ほど持ち主のアイデンティティーに影響を与えるものはありません。

着ている服＝「あなた自身」

大切なことをお伝えしましょう。

あなたが着ている服は、あなたが口を開く前にメッセージを発しています。

数多くの研究からも証明されているように、人間の印象は、初対面から10秒ほどでほぼ決まります。第一印象だけで、だいたいわかった気になってしまうのです。考えてもみてください。あなた自身も毎日の生活で、ぱっと見の印象から相手の人となりを決めつけていないでしょうか。

たとえば、近所のスーパーで、レジの列に並んでいる40代半ばぐらいの男性を見かけたとしましょう。あなたはほんの数秒のうちに、服装、髪型、身なりなどから、男性の仕事や収入、自分との共通点の有無などを判断しているはずです。

ペンキで汚れた作業靴を履いた建築作業員と、高級スーツをパリッと着こなした銀行員なら違いは明白ですが、私たちの第一印象はそんなわかりやすい特徴だけをとらえているのではありません。もっと微妙なニュアンスも読み取っています。

ジーンズを履いている人を見たときは、そのジーンズが持つ「意味」を瞬時に読み取っています。気づいていないかもしれませんが、あなただっていつもやっていることです。

同じジーンズでも、本当に履き古してくたびれた作業着なのか、それとも入念にダメージ加工した高級品なのか。その人のジーンズ、髪型、シャツは、どんなメッセージを発しているのか。建築家？　それともリッチな弁護士？　仕事熱心な野心家？　未来の夫の候補になりそうな人？

このように、あなたの脳はつねに目から入ってくる情報を集め、パターンを分析し、そこから相手に対する印象を決めているのです。

大事なのは、あなたも周りから第一印象で決めつけられているということ。一歩、家の外に出た瞬間から、つねに人目にさらされ、判断されているのです。

もしかして寝起きのぼんやりした頭でなんとなく選んだ服を着ていませんか？　でも周りの人たちは、その服からあなたの性格や人間性、全体的な魅力を判断しているのです。

だからこそ私は、「身につけるものすべてが一つの主張である」と信じています。近所のコンビニに行くときは、学生時代から愛用しているよれよれのスウェットを着て、ダサいサンダルをつっかける。仕事では、10年以上も前に買った野暮ったいスーツを着ている――そういったことが、すべてあなたという人間を物語っているのです。


私たちが身につけるものは、すべてが主張しています。くすんだグリーンのくたびれたコートに色あせた黒のカーゴパンツという組み合わせでも、サイズのぴったり合ったジーンズにアイロンのかかった真っ白のTシャツ、クラシカルなネイビーのブレザーという組み合わせでも、どちらも何かを主張しているのです。


私たちはいつも誰かに見られています。

周りの人はあなたを見て、身なりが発するメッセージを解読します。

その第一印象はいつまでもあなたにつきまとうことになるのです。

自分自身の「第一印象」をわかっていますか？

とはいえ、服それ自体に意思はありません。つまり、服が勝手にハンガーから下りて、あなたの体にまとわりつくわけではないということです。あなたが着る服は、誰・か・が選んでいる。その「誰か」（つまり、「あなた」です！）は、違う選択をすることだってできます。

ファッションについて知り、賢い判断を下すことができるのです。あなたには、自分のメッセージを変える力がある。そしてメッセージを変えれば、人生が変わるのです。

でもメッセージを修正する前に、まずメッセージの読み取り方を学ばなければなりません。読み取れるようになれば、狙ったとおりの印象を与えるにはどんな服を着ればいいのかもわかります。

そのための最初の一歩は――とにかく注意して見ること。

「おしゃれ」と「ダサい」を分けるいちばんの違いは、本人の意識です。どんな哲学者や心理学者に尋ねても、本物の変化は自分の意識を変えることから始まるという答えが返ってくるでしょう。「意識を変える」とは、要は「ぼーっとしていないでもっと注意深くなって」ということです。

こんなふうに書くと、ちょっと意識するだけで、誰でも簡単にセンス抜群の女性になれると思われそうですね。でも、私が言いたいのはまさにそういうことなのです。**どんな人でもいざとなったら素晴らしいセンスを発揮することができます。**

就職の面接や、知人の結婚式に出席したときの自分を思い出してみてください。そのために服を買ったかもしれないし、お気に入りの服を選んだかもしれませんが、いずれにせよ、自分の長所や魅力をいちばん際立たせるファッションを選んだはずです。

仕事柄、私は第三者の立場から、クライアントのファッションが発するメッセージを客観的に評価することができます。サイズの合わない服、無難な服、つまらない服を選ぼうものなら、容赦なく指摘します。あなたもファッションを解読する目を養っていけば、客観的な立場から自分を評価できるようになるでしょう。最終的に、自分の印象をコントロールできるようになるのです。

では、ファッションへの意識を高めるにはどうすればいいのか。

その第一歩は、簡単な質問から始まります。

「これは何を伝えているの？」

これは究極の質問です。身につけるものを手に取るたびに、必ず自分にこの質問をしてください。

単純な質問に見えますが、実はとても奥が深いのです。「なんとかなる！」とばかりにでたらめに服を選ぶのではなく、自分が選んだものを一つひとつ徹底的に検証して、どんなステートメントを発しているかを考えなければなりません。

これを実行すると、結果的にファッションに対する態度を根本的に改めることになります。なんだかめんどくさそうに聞こえるかもしれませんが、あなたが思っているよりもずっと簡単です。

スーパーのレジの列で見かけた男性のことを思い出してみましょう。彼が履いていているジーンズの穴を見ただけで、その意味を一瞬のうちに理解できるはずです。その鋭い観察眼を、今度は自分にも向けてください。あなたもまた、レジの列で並んでいるときに、他の人たちから見られ、判断されているのです。周りの人たちは、あなたのどんなところを見るでしょう。

・あなたの服装は、「成功」、「幸せ」、「明るい未来」、「自信」といったメッセージを発している？
・それとも、「不安」、「後ろ向き」、「混乱」、「恐怖」といったメッセージ？
・現在のライフステージにふさわしいファッション？　それとも、遠い昔の自分をまだ引きずっている？

自分の服装をチェックして、それが何を伝えたいのか、今の時点でまったくわからないとしても、心配はいりません。

ファッションを解読する方法については、これから本書でじっくり説明していきます。色、全体の調和、フィット具合、形などから、本当にたくさんのことがわかるのです。

あなたはただ、毎朝着替えるときに、「これは何を伝えているの？」と自分に尋ねてください。いずれあなたにも、わかるようになります。

鏡を真剣に見る時間を増やす

最初にするのは、鏡を真剣に見る時間を増やすこと。

狙ったとおりの印象を他人に与えるには、彼らが見ているものを、すべて自分でも見なければなりません。そのための唯一の方法は、鏡に映った自分を真剣に観察することです。

そんなこと、考えただけで気が重くなる？　あなたは、自分の外見が嫌いで、いつも鏡から目を背けるようにしているタイプでしょうか？

私たちは、鏡に対して複雑な感情を抱いています。ときには、まるで最悪の敵であるかのように、徹底的に避けることもある。でも、そんなことをしてもかえって逆効果です。なぜなら、あなたが自分の姿を見なくても、他の人は見ているのだから。

鏡に映った自分の姿は、たくさんのことを教えてくれます。

まず、鏡を見たときの自分の気持ちを自覚し、最終的には、みずからの外見を正確に分析できるようになりましょう。でも、自分に対してあまり厳しくなりすぎないように！

服ではなく、まずはノートを買いましょう

最初に用意してもらいたいものは新しいブラジャーではなく、リトル・ブラック・ドレスでもありません。

新しいノートです。

今回の冒険を記録するための、専用のノート。学んだことや気づいたことを、すべて書き込んでいきます。

最終的に、このノートはあなた専用のファッションガイドになるでしょう。スマホ

やパソコンなどデジタル版のノートでもかまいません。

手持ちの服の中から、体にぴったりフィットする服を着てみましょう。お気に入りで魅力的な女性になったような気分にさせてくれる服か、他の人からいちばんほめられる服です。仕事着でも、夜のお出かけ用の服でも、ジム用のセクシーなトレーニングウェアでもかまいません。

そして手鏡を持って、全身が映る姿見の前に立ちます。

さあ、何が見えますか?

横から見た姿や後ろ姿もチェックしましょう。

360度すべての角度から自分を観察します。

では、ファッションノートに、次の質問の答えを書いてください。

My Fashion Note

Q.1 **あなたの「宝物」は何ですか？**

顔や体型でいちばんの特徴は何でしょう。いちばん「あなたらしい」特徴は？　目、髪、体の曲線、身長、骨格？　何を強調すればいいのかがわかれば、ただ漫然と選ぶのではなく、ピンポイントで服を買うことができて、成功率もぐんと上がります。山のようにある服の中から、似合う服を確実に選べるようになりますよ。

Q.2 **周りの人からどんなところをよくほめられる？**

自己嫌悪にまみれていると、自分の長所も見えなくなってしまいます。友人や恋人によくほめられるところを考えてみましょう。ウエストが細いこと？　脚が長いこと？　肩のラインが美しいこと？　胸元がセクシーなこと？　いちばんほめられるところが、あなたのアピールポイントです。

Q.3 **その服を気に入っている理由は？**

自分がいちばんきれいに見える服を知っていたとしても、その理由について考えてみたことはありますか？　ウエストがきゅっと締まったデザインだから？　ストラップの幅がちょうどよく、上半身が細く見えるから？　形のよいヒップが強調されるから？　その色を着ると表情が明るくなるから？　自分をよく観察し、お気に入りの服が似合う理由を分析すれば賢く選べるようになります。

Q.4 いつも隠している「宝物」は何？

せっかくきれいな脚をしているのに、すっぽりと隠していませんか？　自分では「そんなに細くないし」とか、「脚を見せるとがんばりすぎているみたいでイヤ」と考えているのかもしれませんね。さあ、ノートに「新しいアイテムをそろえるときは、今は隠している宝物を強調するものを少なくとも一つは買う」と書き込んでください。最初は気恥ずかしいかもしれませんが、すぐに自信満々でアピールできるようになるでしょう。

Q.5 できれば隠したいところはどこですか？

「全部！」と言いたいかもしれませんが、ポジティブに考えましょう。自分を親友だと思って、もっと優しくしてあげてください。誰にでも欠点はあります。そして、欠点を隠し、長所を目立たせるのが、スタイリングの基本です。だから、「おなかがぽっこりしているのがイヤ！」と叫ぶのではなく冷静に――「おなか周りが私の問題なので、ベルトを締めてウエストがあるように見せよう」。たいてい、思い込みの姿よりも、実際の姿のほうがずっと美しいものです。

鏡はあなたの敵ではありません。ただの道具です。

あなたはその道具を、これから毎日活用していくことになるのです。

ありのままの自分を観察して正しく把握しましょう。

自分の魅力を強調し、欠点をうまく隠すようにするのです。自分の見た目を変えるのは思っているよりもずっと簡単です。

すべてを話してください

「さあ、すべてを話してください」

私はいつも、クライアントとの最初のセッションをこのセリフで始めます。

この本でも、まずはあなたにすべてを話してもらいましょう。

実際にクローゼットに手をつける前に、まずは自分の現在の立ち位置を確認し、それから理想の状態を思い描きます。

あなたは今どこにいて、これからどこに向かいたいですか？
あなたが持っている服は、理想を実現する手助けになってくれますか？
ファッションノートを開き、次の質問に対する答えを書いてください。

My Fashion Note

Q.1 職場でのあなたは、どんなイメージですか？

そのイメージについて自分ではどう思いますか？　そのイメージは、目標達成の助けになっていますか？　それとも妨げになっていますか？

Q.2 プライベートでは
いつもどんな服を着ていますか？

無難な格好でなるべく人目につかないようにしていますか？
普段着で優先するのは実用性？　スタイル？　動きやすさ？
または組み合わせ？

Q.3 その服は、現在の状態と
５年後の理想の姿を反映していますか？

５年後を想像するのは難しいかもしれませんね。でも、「5年後にこうなっていたい姿」につながる服でしょうか？　それとも全然違う？　今の服、「５年後にこうなっていたい姿」と正反対だったりしませんか？

Q.4 何かを変えられるとしたら、
何を変えたいですか？

スタイル？　それともセンス？　ファッションに対して保守的な考え方？　あなたのコンプレックスと向き合うための質問です。

Q5 ファッションの悩みは何ですか？

いつもおなか周りを隠すような服を選んでしまう？　腰痛持ちなのでヒールの高い靴が履けない？　ここでしっかりと現状把握しておきましょう。

Q6 最高の気分になるのはどんな服を着ているとき？

いちばん自分らしいと感じるのはどんなファッションでしょう？　その理由は？

Q7 今のファッションは、あなたをどんな気分にさせてくれますか？

目立っている？　魅力的？　仕事ができる？　そして、あなたはどんな気分になりたいですか？

Q8 毎朝どんな気分になりますか？

何を着ればいいのかわからない？　うまく着こなせなくてうんざり？　大丈夫です、「毎朝ワクワクする」に変わりますから。

Q9 この本を読んでどんな変化を起こしたい？

服に対する苦手意識をなくしたい？　おしゃれと言われたい？何を望んでいるのか考えてみましょう。

これらの質問の目的は、あなたの「ファッションの目」を磨くことです。

実は、たいていの人が自分のワードローブの長所と弱点を本能的に把握しています。

それをきちんと言葉にすることができれば、理想の自分になる冒険は成功したも同然です。

服で理想の人生を実現できる

「今の仕事のために服を選ぶのではなく、理想の仕事のために服を選びなさい」――お母さんからのアドバイスみたいですが、見事に真理を突いた言葉です。

つまり、人はそれだけ見た目で判断されるということ。仕事で成功したいのなら、単にいい仕事をするだけでは足りません。仕事ができる人のように見せることも同じくらい大切です。能力があって、野心家で、堂々としている――そういったイメージは、服装、仕草、全体の雰囲気といった言葉以外の部分からもっともよく伝わってきます。

あなたの服装は、いつでも何らかのメッセージを発しています。人生のどんな場面でも、周りの人がそのメッセージを受け取って、解釈しています。職場でもそうですし、ちょっとそこまで出かけるためにバスに乗っているときもそうです。

いつ何時《なんどき》、どんな人とばったり会うかわかりません。パーティでぜひお近づきになりたいと思っていた人と会うかもしれないし、口うるさくて、人の弱みにつけ込もうとするPTAの役員と会ってしまうかもしれない。街で見かけたまったくの他人が、あなたの仕事や恋愛を大きく変えることだってあるのです。

普段着のファッションは、他人に与える印象だけを決めているのではありません。ファッションが発するメッセージは、ブーメランのようにあなたのもとに帰ってきて、**あなたの自己イメージに決定的な影響を与えています。**

周りの世界や、自分がいる場所についてのイメージは、あなたの服装が決めているのです。

仕事にふさわしいきちんとした格好をすれば、本当に仕事ができるような気分になります。異性を誘惑するようなファッションのときは、本当にセクシーな気分になる。華やかな服装をすれば、気分も華やぎます。

ここでの形容詞は何でもかまいません――「パリッとした」、「さわやか」、「個性的」、「知的」、「パワフル」、「親しみやすい」、「元気」、「洗練されている」、「遊び心がある」、「まじめ」、「きれい」、「高級感がある」、などなど。

または、逆にネガティブなイメージを伝えることもできます――「野暮ったい」、「だらしない」、「つまらない」、「組み合わせが変」、「似合わない」、「みすぼらしい」、「安っぽい」。

メッセージの中身が何であれ、外の世界に発しているメッセージは、そのままあなたのところに返ってきます。

でも、仕事ができると「感じる」ことに、何か意味があるのでしょうか。「洗練されている」、「パワフル」、「セクシー」と感じたからといって、実際にそうなれるわけではないのでは?

いいえ、実はなれるのです。

私たちの人生を決めるいちばん大きな要素は、自分の心の状態です。そしてファッションは、心の状態を決めるうえでとても大きな役割を果たしているのです。理想の人生をファッションで表現するとしたら、どんなふうになるでしょう？

あなたは自分の人生に何を求めていますか？

もっと冒険が欲しい？　リラックスしたい？　仕事で認められたい？　恋愛？　楽しむこと？

今のあなたの服装は理想の人生を引き寄せていますか？　それとも遠ざけている？

隠そうとすればするほど欠点が目立つ

私の大切なクライアントで、ブロードウェイで活躍するパフォーマーのキャシーという女性がいます。赤毛で、身長は１７８センチ。脚が長く、セクシーな声で、クラシカルな顔立ち。誰もが認める「ゴージャスな美人」です。ところが本人にとっては、背が高いのが悩みの種でした。

でもそれも、私と会ってから変わりました。

以前の彼女は、長身のせいで目立つのを極端にいやがっていました。人目を引きたくないばかりに、普段着はいつも無難な服ばかり——ニットのアンサンブルか、お上品なブラウスしか着ていませんでした。

ちょっと待って。女優なのに注目されるのが嫌い？　正確に言えば、変なふうに注目されたくないということでしょう。長身の赤毛なので、ただでさえ目立つからです。

でもこれは、「ふしだらな女と思われたくない」というような意味ではありません。自分のファッションに自信が持てないと、注目されるのが怖いのです。「おしゃれに自信がないからこっちを見ないで！」というモードで、ずっと過ごしているのです。


もちろん、キャシーのような女性は、スタイリストにとって夢の存在です。本人が100パーセント自信が持てるファッションが見つかれば、劇的に変身することができるでしょう。

そこで私は、彼女が自分の外見に自信が持てるように手助けしました。彼女も「長身で目立つ」という自分のアイデンティティーを受け入れるようになり、最終的には背の高さを自分の「宝物」だと考えられるようになりました。

「あれで人生が変わったわ」と、キャシーは言っています。「出かけると、周りの人が私の美しさに圧倒されているのがわかるの。以前だったら、誰も自分の存在に気づいていないと思っていたのに」。


彼女はどうやってこのスターのオーラを手に入れたのでしょうか。

まずは、自分に似合う色をそろえるところから始めました。

白い肌と赤い髪には、クリーム色、ブルー、グリーン、「正しい」赤、キャメル、そして金色がよく似合います。以前は隠したいと思っていた自分の特徴を、あえて強調して美しく見せるのです。体にぴったりしたドレスを着たり、ホットパンツにハイヒールで長い脚を堂々と見せたりします。あれはキャシーにとって大変身でした。ついに勇気を出して、昔からひそかにあこがれていた「ゴージャスな美女」になることを自分に許したのです。

現在のキャシーは、ブロードウェイでも有数のおしゃれな女性として認められています。彼女にとって、人生は私に出会う前と後ではっきり分かれているそうです。

もちろん、すべての人がスターのような生活をしているわけではありません。ライトを浴びてカメラに向かってポーズをとったり、帰り道でサインをねだられたりすることはないでしょう。

それでも彼女の物語は、すべての人にとって参考になるはずです。大切なのは、たとえすべてを持っている女性でも（すらりとした長身、美脚、すべすべの肌など）、普通の女性たちと同じように、自分の容姿に自信が持てないということ。何でもないことを欠点だと思い込んだり、むしろ長所になるような特徴を嫌ったりしています。

私たちの誰もが、いわゆる一般的な「ファッションのルール」に翻弄されて、おしゃれから逃げ出してしまうことがあります。自分の見た目が「正しくない」と思い込み、欠点だけでなく、せっかくの「宝物」までも隠してしまったりするのです。

つまり、間違ったファッションは、たいてい、何かを隠したいという気持ちから生まれているということです。

地味すぎる色、だぼだぼのサイズ、目立ちたくない一心で選んでいる平凡な服――毎日そんな格好ばかりしてしまう。（そう、あの履き古したグレーのパンツとか、すり切れそうになっているベージュのカーディガンのことですよ）。どんなに隠そうとしても、人目を逃れることはできません。むしろ、自意識過剰のあまり挙動不審になって、隠したい欠点をかえって強調することになります。

見えない存在には絶対になれません。

背が高いのなら、それを受け入れてください。体の曲線も、髪の色や肌の色も、すべてあなたという人間を表現する大切な特徴です。自分の「宝物」を生かすファッションを心がけましょう。見られることを意識して服を選べば、それはそのまま最高の自分を見せることにつながるのですから。

人生というゲームで勝つためのファッション

政治家は、討論会に出るときに服装を真剣に選びます。働く女性のために「勝つための服装」を教える専門家も存在します。その理由は、人生というゲームでの勝敗は、自分をプレゼンする方法でほぼ決まってしまうからです。見た目は運命を左右するのです。

あなたはきっと、頭を抱えることでしょう。そんな薄っぺらい考え方に同意したくないという気持ちですよね。でも、あなたも実はわかっている――そう、**野暮ったくて似合わない服は、「競争《レース》から降りる」という敗北宣言なのです。**

意識的にせよ、無意識にせよ、世間のルールに反抗しておしゃれに背を向けている人は、「こんなことをして、何か得るものはあるのかしら」と、ぜひ自分に尋ねてみてください。「人目なんて気にしない」、または「誰にも見られたくない」と主張しているような服装には、見事なほどに周りを遠ざける効果があるのです。

そもそも、外見を重視するのは、そんなに悪いことでしょうか？

私はそうは思いません。見た目で判断するのも、美しいものに惹きつけられるのも、頭が空っぽで薄っぺらい人間だからではありません。それは生物としての本能なのです。人間の目は、混乱よりも調和を好みます。なぜなら、視覚的な混乱は、脳に負担を与えるからです。もちろん、見た目は自分で作るものです。「おしゃれの知性」を磨き、他人の目に映る自分の姿をコントロールするのです。

そして、好むと好まざるとに関わらず、人生はゲームです。ゲームなのだから、勝つためのファッションをめざしましょう。

「身なりに気を配る習慣」が運命を決める

服装はほんの始まりにすぎません。きちんと身なりを整えていれば、もちろん見返りがありますが、効果はそれだけではありません。

身なりに気を配るという習慣が、人生全体に大きな影響を与えるのです。

あなたがこれまでの人生で無視してきたのは、おしゃれだけですか？　お金、人間関係、健康などはどうでしょう？　人生でないがしろにしている側面があると、いつもどこか心に不安を抱えることになる。これはよくないことです。恐怖に行動を支配されると、絶対にいい結果にはつながりません。

それはファッションも同じです。

ファッションに対する苦手意識や無関心から生まれたワードローブは、ほぼ間違いなく「使えない」状態でしょう。

そして、一つのブラックホールは、さらに別のブラックホールを生む——つまり、クローゼットの扉を閉めて見ないふりをしていると、人生の他の面でも問題が発生するということです。「あることをないがしろにする人は、他のすべてもないがしろにする」とも言えるでしょう。ファッションに気を配るようにすれば、人生全体に気持ちが行き届いた人になれるのです。

本書を読めば、あなたもすぐに身につけるものを慎重に選ぶ人になるでしょう。あなたのこまやかな気配りは、人生で出会うすべての人に伝わります。そうやって他人に与える印象が、あなたの運命を決めていくのです。

特別な日でなく「なんでもない日」こそ、おしゃれを

あなたはもしかしたら、「気を配るとか意識するとかの話はもううんざり。ファッ

ションの本だと思って読んでいたのに！」と思っているかもしれません。

もしそうなら、こんなふうに考えてみてください。

たいていの人は、毎日ドレスを着るような生活をしているわけではありません。仕事の後にいつもデートの予定が入っているわけではないし、毎日パリッとしたスーツを着ているわけでもありません。

いつもの一日は、いつもの一日でしかない——雑用をすませたり、子供の送り迎えをしたり、夕食の支度をしたり、後片付けをしたり、掃除をしたり。

そしてある時点で、くたくたに疲れてばったりと倒れ込む。でもだからといって、おしゃれの必要がまったくないわけではありません。

毎日の生活でも、きちんとおしゃれして最高の自分を見せることはできるのです。

それに、何か特別なイベントがあるとわかっている日しかおしゃれをしないでいると、偶然のチャンスを逃すことにもなってしまいます。

いつもの一日にも、自分の知らないチャンスや驚きが眠っている——そんなふうに考える人生のほうが楽しくないですか？

たとえば私は、こんなふうに考えて毎日をすごしています——「世界は小さな街で、誰にばったり会うかわからない。それに、その偶然会った人が、自分の人生でどんな役割を演じるかもわからない」。

私はニューヨークに住んでいます。パリと並ぶ、世界でもっとも大きくて「小さな街」です。「世界は出会いとチャンスに満ちている」と考えるのも、ニューヨーク暮らしだからかもしれません。

でも私は、田舎に住んでいたときも同じように考えていました。朝起きたときに、「今日も何も起こらないだろうな」としか思えないような世界なんて住みたいとは思えません!

だから私は、毎日きちんとした身なりを心がけています。道でばったり未来のクライアントに会うかもしれないし、未来の親友と出会うかもしれないし、新しい大冒険が始まるかもしれないのだから。

スポーツジムへ行き、スーパーで買い物をして、クリーニング店に立ち寄る——こんな普通の一日は、いったいどんなおしゃれをすればいいのでしょうか。

私だったら、上質なダークカラーのジーンズ、清潔で新しいTシャツ（つまり、色があせていたり、穴が開いていたりしない）、それにチェリーレッドのフード付きパーカー（約20ドル）をはおるでしょう。

たしかに簡単なコーディネートです。特別なアイテムは何もありません。でもここでカギを握るのが、美しい赤のパーカー。もしこれが、グレーのパーカーだったらどうでしょう。私を見た人は、「こちらを見ないで！」、または「今日は何も起こらない、つまらない日」というメッセージを受け取ることになると思います。

ただ色を変えるだけで、イメージをがらりと変えることができる。

もちろん、目立つならどんな色でもいいというわけではありません。自分に似合う色であることが大切です。自分に似合う鮮やかな色を身につけていると、それだけで目立つ存在になれます。明るい人、楽しい人、大胆な人という印象を与えることができる。

たった一枚の20ドルのパーカーが、すべてを変えることができるのです。難しいことは何一つありません。

なぜなら私のクローゼットには、似合うもの、ポジティブなイメージを伝えるものしか入っていないからです。クローゼットにあるものを着るだけで、明るくてフレンドリーな人にもなれるし、パリッとしたスーツ姿で有能に見せることもできる。

たとえ、時間がなくて慌てて選んだとしても、野暮ったい格好で実りのない一日をすごしてしまう心配はまったくありません。

この本を読み終わるころは、あなたも同じことが言えるようになっているでしょう。

でもそこにたどり着くために、自分の思考パターンをふりかえり、考え方を変える意思はありますか？　思考を変えるのは、表面的な外見を変えるよりもずっと大変な作業です。

あなたは、チャンスをつかむ人になりたいですか？

日常の中に隠れた偶然を生かすために、毎日の装いに気を配る意思はありますか？

たしかに、これは少し怖いことです。未知のものはいつだって怖いものです。でも同時に、ワクワクすることでもあるのです。

あなただけの専属スタイリストを見つけましょう

この変身の旅で、私はいつでもあなたのそばにいます。それでも、あと一人ぐらいは、客観的なアドバイスをくれる人が身近にいたほうが心強いはず。友達に「あなたの専属スタイリスト」になってもらいましょう。

あなたの専属スタイリストは誰でしょう?

その人物の条件は、魅力的で、シックで、頭がよく、ユーモアのセンスがあり、スタイリッシュで、言葉の表現がうまく、そしてファッションに関して目が肥えていること（つまり、私みたいな人ということです!）。理想を言えば、あなたのことをよく知っていて、一緒にいて楽しい人がいいでしょう。

一つ、注意があります。その人にも、この本を読んでもらわなければなりません。

もう一つ、母親や恋人、配偶者に専属スタイリストになってもらうのは禁止です。

あなたとの間にいろいろと歴史がありすぎて、期待やプレッシャーも過剰になりがちだからです。

「おしゃれ」はただでさえ感情を刺激するテーマなのだから、客観的な目を持ち、冷静さを保てる人にお願いしてください。わざわざ傷つくようなことを言われる必要はありません。適切な判断力があり、言葉を選ぶことができる人。そしてもし意見が違っても、お互い感情的にならず、アドバイスを取り入れるかどうか冷静に判断できる人がいいでしょう。

さあ、それでは服をめぐる冒険に出発しましょう！

Chapter 2

何を着ればいいかわからない！

毎朝の身支度を変える
まったく新しい方法

ファッションは建築です。

大切なのは均整です。

——ココ・シャネル

いつもの朝を思い出してみてください。

あなたにとって、朝の身支度とは？

時間との競争？　嵐のような大騒ぎで、手当たり次第に引っ張り出したものを着ているだけ？　玄関には靴が散乱している？　何を着たらいいのか自分でもよくわからないので、とりあえず「ましな」格好をしているだけ？

もしそうだとしても、それはあなただけではありません。そういう人は本当にたくさんいます。そして朝の身支度のパターンを見れば、その人のワードローブの中身だけでなく、ファッションに対する考え方もわかってしまうのです。

でもありがたいことに、この惨状を抜け出すのに、何年もセラピーに通う必要はありません。でも、意識して習慣を変える努力は必要です。

クローゼットの中身を一新する前に、まずは毎朝の身支度の習慣から変えていきましょう。

なぜなら、たとえおしゃれな服ばかりそろえても、船長（あなたです！）が舵をでたらめに切ってばかりいたら、目的地にはとうていたどり着けないからです。

ここでの目標は、朝の服選びを心から楽しめるようになること。そんなのムリと思うかもしれませんが、がんばりましょう。

心を静かに落ち着けて、どんな自分を演出したいかを考えるのです。いろいろなアイテムを足したり引いたりしながら、調和の取れた一枚の絵を描いていきます。そうすれば、足取りも軽く玄関を出ることができます。誰にも見られたくないと思いながら、コソコソする必要はもうありません。

ダメダメな服があなたの一日を台無しに

まずこれだけは言わせてください――「何なの、その格好は⁉」

あなたにも身に覚えがあるでしょう。時間がなくて大慌てなのか、またはただ考えるのがめんどくさい。だから、とりあえず洗濯してあって手近にあるものを身につける。そしてダサい格好をしていると自覚しながら、玄関を出ることになる。

太って見えるかもしれないし、コーディネートがちぐはぐなのかもしれない。古くさく見えるかもしれないし、だらしなく見えるかもしれないし、それら全部が合わさっているのかもしれない。

とにかく、鏡を見たときに「なんかダメだな」ということはわかるけれど、何とかなると自分に言い聞かせ、そのままですませてしまう。もう時間もないし、それに特に何もない日なんだから大丈夫――ミーティングもないし、ランチの約束もないし、パーティや集まりもない。それに、誰も気にしないわよ。だってただの服じゃない。

でも、玄関を出て10歩ぐらい行ったころには、すでに自分の服装を後悔しているのです。このジーンズを履くと太って見えるのはわかっていたのに。このバッグだって、服と合わないことはよくわかっていた。こんな格好で、丸一日すごさなければならないなんて……。

仕事に没頭して服のことは忘れようとするけれど、もちろん忘れることなんてできません。何をするにも、誰と会っても服のことが気になり、ただどこかに隠れたいと願うばかり。「みっともない格好をしていることは自覚しているので、どうか見ないでください」と書いた紙を、胸のところに貼っておきたい気分……そんな経験はありませんか？

私の言っていることは大げさすぎる？　いえ、そんなことはありません。ひどい格好をしてしまった日だけでなく、ただ服装がうまく決まらなかっただけの日でも、気分が晴れず、すっかり自信を失ってしまうはず。

そんな日に、好きな人や、仕事上で大切な人にばったり会ったりしたら大変です。最悪の敵にもそんな姿は見られたくありません。ちょっと知り合いに会うのだってごめんですよね。つまり、誰の目にも触れたくないということ。

そんな最悪の日は、偶然に降ってくるわけではありません。

たいていの場合、考えることを放棄して、適当に服を選んでしまった結果です。いえ、何も考えていないというよりも、むしろすべてあなたの意識的な選択なのです。

多くの人がおしゃれをがんばる日と、そうでない日があると言いますが、その考え方自体が間違っているのです。

朝の身支度にかけるエネルギーは、人によってさまざまです。

とはいえ、なぜ誰にも見られたくないような格好を、あえて選んでしまうのでしょう？　あなたには、そんな一日をすごしてもらいたくありません。たとえその日いちばんのイベントがお昼にサラダバーに行くことだとしても、もっときちんとした格好で堂々としていてもらいたいのです。

実はこれが、本書のメインテーマでもあります。

つまり、特別におしゃれをする日と、どうでもいい日があるという思い込みに、疑問を持ってもらいたいのです。

センスのいい女性は、オンの日とオフの日を切り替えたりしません。

彼女たちはたとえカジュアルな装いの日でも、いつもビシッと決まっています。なぜそんなに身なりに気を配っているのでしょうか？　それは、ファッションの大切さを理解しているからです。

では、なぜいつもおしゃれでいられるのでしょう？　なぜなら、毎日練習しているからです！

センスのいい女性には、「ファッションの筋肉」があります。毎日鍛えているので、絶対におとろえることはありません。この章では、あなたにも「ファッションの筋肉」を鍛えてもらいましょう――それも毎日。

スタイリングは、「トータル」で考える

多くの人が「センスのいいファッション」について誤解しています。「自分にはムリ」という思い込みももちろん誤解ですが、それ以上に、おしゃれとはつまりショッピングだという考え方が問題なのです。

ショッピングに費やすお金と時間があって、いちばんいいアイテムを選ぶノウハウを知っていればすべて解決、というわけではないのです。ファッションで大切なのは、たまにデパートに出かけて、あれこれ試着してみることではありません。

どんな服を選ぶか――それがファッションのすべてです。

言い換えると、こういうことです――ファッションとは、何を買うか、何を持っているかということではなく、**買ったものや持っているものを、日々の生活でどう生かしていくかということ。**大切なのは、文字通り「スタイリング」なのです。

「スタイリング」とは、「全体を見て、すべてがうまくはまるまで調整を加える」ということ。

私がスタイリングをするときは、身につけるすべてのアイテムの調和を第一に考えます。それらのアイテムは、全体としてどんな効果を発揮しているでしょう。

たとえばドレスを着る場合、たいていの女性はドレスを選べばそれで終了と思いがちですが、私だったら靴、アウター、スカーフ、髪型、メイク、バッグなども含め、トータルで考えます。そして何よりも重要なのが、そのクライアントがどんな女性かということです。その人に合った色、素材、生地、柄、スタイルをすべてそろえることが、成功へのレシピになります。

この「トータルで考える」という視点を忘れないでください。

いちばん大切なのは全体の調和で、調和さえ取れていれば、それだけでセンスのいいファッションの完成です。

人間の目は、調和の取れたものを心地いいと感じるようにできています——絵でも、家でも、自然でも、そしてファッションでも。我々は、調和を乱すようなものが一つも存在せず、全体が流れるような美しい絵が大好きです。まさにそれが、人間にとっての「美」なのです。

でも、美術館に飾られている絵や、自然の風景の美しさなら理解できても、その美の秘密を普段のワードローブに生かしている人はほとんどいません。

そのため、私のクライアントの多くも、「ピエロの学校」の生徒みたいな格好になってしまうのです。彼女たちも、趣味はいいかもしれない。アイテムの一つひとつを見れば、どれもおしゃれです。それでも全体として見ると、まったくちぐはぐな印象を与えてしまっています。

つまり、ショッピングにばかり気合を入れて、スタイリングをおろそかにしているのです。


コーディネートに調和があるかどうかは、どうやって判断すればいいのでしょうか。

大切なのは、とにかく「見る」ことです。

すべてのアイテムが、全体の中できちんと意味のある存在になっているでしょうか。

それとも、太いゴールドのネックレスと友達が編んでくれたオレンジのマフラーに（ゴールドとオレンジで2色、ゴロッとしたネックレスとざっくりしたマフラーがラフな印象を与えている）、白と黒の花柄のワンピース（白と黒でさらに2色で、花柄はラフな印象にまったく合わない）を組み合わせたりしていますか？

しかもその上に、リブ編みのカーディガンをはおったりしていませんか？（さらに色と素材が加わります）。

そして黒のタイツに、模様のたくさんついたカウボーイブーツ？

おめでとう！ ピエロの学校の立派な卒業生です！

こんな組み合わせは、特に珍しくはありません。それに、表に出られないほどひどい格好というわけでもない。

でも、全体としてちぐはぐな印象になることは否めませんね。ワンピースのネックラインがどんなにきれいでも、手編みのマフラーの存在感に圧倒されてしまいます。黒いタイツの上にゴツいカウボーイブーツを履いていたら、足がどこにあるかわかりません。つまり、見る人を当惑させてしまうスタイルだということです。

人間の目と脳は、ちぐはぐな格好だけでなく、それを身につけている人のことも「視覚のノイズ」として認識します。

耳障りな不協和音を聞いたときのことを想像してみてください。耳を傾けてじっくり聴こうという気になるでしょうか？　隠れ家的なバーで前衛的なジャズを聴いているときなら、デートの相手の前で見栄を張って聴いているふりをするかもしれません。でも日常生活でそんな音を耳にしたら、たいていの人は無視するでしょう。

目を背けられる、無視される——あなたには絶対に起こってほしくないことです。

おしゃれな人は鏡を見ている

自分のコーディネートがきちんと調和しているかどうかを知るためには、とにかくたくさん「見る」ことが大切です。

普段のあなたは、鏡をちらっと見るだけで終わりにしているのではないでしょうか？　もしそうなら、変えていく必要があります。「見る」というのは、ただ「このシャツとパンツだと太って見えないかしら？」と確認すればいいというものでなく、二度、三度と見て、靴とアクセサリーも服に合っていることを確認し、アウターとバッグも全体とうまく調和していることを確認するのです。鏡に映った自分を凝視するのは、ナルシストだからではありません。むしろ自分に正直になるためにするのです。

センスを磨きたいのなら、鏡を見るのは必須です。

最初のうちは、鏡を見る時間を増やすと変な気分になるかもしれません。

でも、そのうちに慣れるので大丈夫です。

もし、鏡に映った自分のあら探しばかりしてしまうという人は、完璧をめざしているわけではないということを思い出しましょう――そもそも、完璧になるなんて不可能なのですから。あなたの目標は「調和」です。見る目を磨き、自分の長所と欠点を正確に把握して、長所を伸ばして欠点を目立たなくする方法を学んでいけば、あなたの欠点に気づくのはおそらくあなただけになります。

特に、人の視線をコントロールし、自分の「宝物」に注目を集める方法を身につければ、「欠点」はどこかに隠れて見えなくなってしまうでしょう。

朝のスタイリングに悩まないコツ

あなたは朝の身支度の時間をどう使っていますか？

とっかえひっかえ服を着て、なんとかましに見える奇跡の組み合わせを探している？

ブラウスを探して服の山をかき分けているけれど、結局見つからず、いつものボタンダウンシャツにしてしまっている？　四回も着替え、もう20分も遅れているのに、まだ決まらない？


こういった時間の使い方は、失敗に終わる典型的な例です。


ここで、新しい朝の身支度の方法を紹介させてください。

あなたは落ち着いてクローゼットの扉を開けます。中の服は、色と種類によって大まかに分類されている――ドレス、パンツ、シャツ、スカート、などなど。

その日の気分と予定、天候によって、選ぶ服の方向性を決めます。パンツ？　スカート？　それともドレス？　そして何を着るか決めたら、もう決心を変えません。

サイズの合わない服、似合わない服をクローゼットから一掃すれば（その方法については、第5章で詳しく説明します）、朝の服選びが劇的に簡単になります。服の山をかき分けて、外に着ていってもおかしくないものを何とか探し出すのはもう終わり。

まずメインのアイテムを決め、そこからじっくりスタイリングしていくことができるようになります。

シルクのブラウスを選んだのなら、ゆったりしたロング丈のセーターを合わせてドレスダウンしてもいいし、仕事用にかっちりしたブレザーを合わせてもいいでしょう。ダークグレーのパンツに真っ赤なパンプスを合わせてセクシーに。または服の色はモノトーンで統一し、アクセサリーとメイクで華やかさを出す？

パーティドレスにデニムジャケットとヒールの高いブーツを合わせ、カジュアルな普段着にする？　それとも、その同じドレスに黒のタイツとパンプス、ブレザーを合わせて仕事着にする？

どんなスタイルにするかは、あなたがどんなメッセージを発したいかによって決まります。

あなたもいずれ、さまざまなコーディネートの中から、最高の組み合わせがわかるようになります。そして、ベストのコーディネートができたら、自分の「ルックブック」に記録していきましょう（第6章258ページを参照）。こうやってさまざまな組み合わせを試していくうちに、クローゼットの中にある服をうまくコーディネートできるようになります。

朝が苦手という人は、朝の不機嫌が、服選びにどんな影響を与えるか考えてみてください。服選びは、その日一日を左右する大きな決断です。だからぜひとも成功したいところです。好きな音楽を流して気分を上げたり、前の晩のうちに選んでおいたりするのもおすすめです。

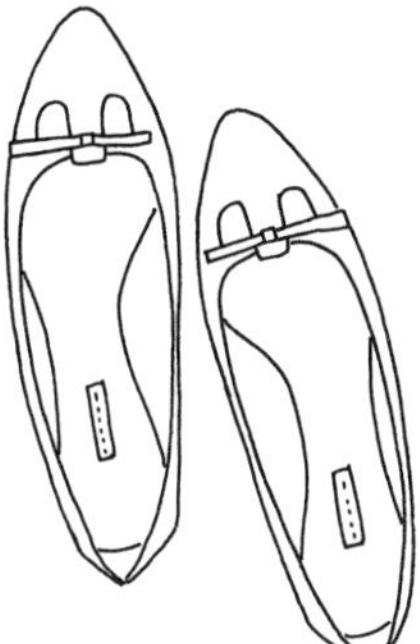

フランス女性がおしゃれな理由

洋の東西を問わず、フランス女性のセンスが絶賛されていることはご存じでしょう。彼女たちはみんなおしゃれで、それに絶対に太らない——ということになっていますね。

フランス女性がほめられるのには理由はあります。それは

・サイズの合った服を着ているから
・質のよさに徹底的にこだわっているから

です。フランス女性のショッピングを見る機会があれば、どれだけ選り好みが激しいかがわかるでしょう。

服は、まるでオーダーメイドのようにぴったりのサイズでなければなりません。オーダーメイドの服は、たいてい体にフィットしています。それは偶然ではありません。なぜなら、体型がはっきりわかるほうがきれいに見えるからです。

サイズの合っていない服は、野暮ったいし、適当に選んだように見えます。まるで誰か他の人の服を借りてきたみたい。それだけでなく、どこか言い訳がましいというか、まるで自分の体を隠したがっているようにも見えてしまう。そもそも、サイズの合わない服はおしゃれではありません。

どんな体型やサイズでも、サイズのぴったり合った服を着ていれば、「私は自分の体に自信を持っている」というメッセージを送ることができます。

逆にサイズの合わない服を着ている人は、自信がなさそうに見えるのです。

ブカブカの服を着ていると、「よっぽど体型を隠したいのね」と思われてしまいます。サイズが小さすぎる場合は、実際より太って見えるだけでなく、「現実が見えていない」と思われてしまうでしょう。

サイズの合った服は、よりスタイリッシュに見えます。なぜでしょう？　それは、そもそも「スタイリッシュな女性」とは、似合う服を着て、自信がにじみ出ている女性のことを指しているからです。そういう女性は、服に着られるのではなく、服を着こなしています。

もっともインパクトのある変身術は「身につける色を変える」ことですが、サイズの合った服を着ることも、それに負けないくらいのインパクトがあります。それに、5キロは痩せて見えますよ。

では、ぴったり合った服を選ぶコツをいくつか紹介しましょう。

1　サイズの数字にこだわらない

サイズの数字はブランドによってかなり違います。それに、同じブランドであっても、アイテムによって違うこともあります。それに、人間の体型はさまざまです。

たとえば、ドレスとスカートのサイズは9号、ジャケットとトップスは7号、パンツは11号というような女性もよくいます。そのため、数字にこだわる必要はありません。それに、自分のいちばん大きいサイズが本当のサイズだと考える必要もありません――そもそも、「本当のサイズ」なんてないのです。まず、いつものサイズを着てみて、合わなかったらそれより小さな服か大きな服を着てみます。

数字で選ぶのではなく、実際に着てみて、フィットして自分がきれいに見えるものを選んでください。

2　必ず試着する

当たり前だと思うかもしれませんが、中にはショッピングが苦手なあまり、試着しないで買ってしまう女性も実際に存在するのです。サイズが合うかどうかは着てみないとわかりません。試着しないで買ってもいいのは、すでに持っている基本アイテムを、新しいものに買い換えるときだけです。試着せずに買っているあなた、本当に試着しないで買ってもかまわないと思っていますか？

3　とにかくたくさん試着する

ある種のショッピングでは、妥協が絶対に許されないことがあります。たとえば、「最高のジーンズ」を見つけたいのなら、やり方を教えましょう。まずデパートへ行き、話しやすいスタッフを見つけます。そのスタッフに、自分の希望と普段の悩みを話します。すると、さまざまなブランドのジーンズをたくさん持ってきてもらえるでしょう。20回は試着することになるかもしれませんが、それでも「人生で最高のジーンズ」が見つかることは間違いありません。

4　優秀なスタッフを見つけてアドバイスを求める

「このサイズでいいかしら？　それとももうワンサイズ下がいいと思いますか？」というふうにどんどん質問してみてください。優秀なスタッフは、正しい着こなしを知っています。特別に優秀なスタッフは、サイズの裏も表も知り尽くしています。そして最高に優秀なスタッフは、それぞれのお客さまにいちばん似合う服を提案することができるのです。

5　お直しを徹底活用する

「普通にいい」と「最高にいい」の違いは、ちょっとしたお直しと、そして腕のいい仕立屋さんです。アイテムの質や、本当に気に入ったものかどうかにもよりますが、余分にお金と時間をかけてでも直したほうがいいという場合もあります。もしそうでないなら、直さなくてもかまいません。

大切なのは、お直しをするのはスーツや高い服ばかりではないということ。ジーンズやコーデュロイのパンツでも、ウエストのサイズさえ少しいじればパーフェクトになるというのなら、お直しをしてもまったくかまいません。お直しをして似合うようになり、あなたの気分もよくなるなら、ぜひやるべきです。

自分を魅力的に見せる服だけ着る

私はスタイリストなので、サイズをきわめて実務的にとらえています――つまり、**合うか合わないかのどちらかしかありません。**

でも一般の女性にとって、サイズの問題は心の問題であることもよくわかっています。女性の体型については、こうあるべきだ、これではいけないというメッセージが世の中にあふれています。広告や雑誌を見ると、とても真似できないようなスタイルの女性ばかりが目に入ってきます。実際は、パソコンで加工しているので、モデル本人とは似ても似つかない姿になっているのですが……。

そんな完璧なスタイルばかり見せられるのはつらいものです。

たいていの女性は、自分のスタイルに絶望し、ゲームに参加することすらあきらめてしまう――「私が履けるパンツなんてない」、「お店で売っている服はみんな若い子向けなのよ」というように。

私のクライアントにはあらゆる体型の女性がいます。だから断言できるのですが、どんな体型であっても、魅力的に装うことは絶対にできます。

広告モデルなんて気にしなくてかまいません。ファッションの主役はどこにでもいる普通の女性たちです。デザイナーはあらゆるサイズに向けてジーンズを作り、あらゆる色をつかっています。大きめサイズの女性に向けた、美しくてスタイリッシュな服もたくさんあります。それに、おしゃれに年齢は関係ありません。あらゆる年代に向けたすてきな服がたくさん出回っています。

どんな体型でも、すてきなアイテムは必ず手に入ります。ただ自分に合った服を探すだけでいいのです。大きめサイズでも、棒《スティック》のようなヤセ型でも、洋ナシ体型でも、逆洋ナシ体型でも、リンゴ体型でも、砂時計体型でも、小柄でも、長身でも、すてきな服は必ずあります。

でも、自分に合った着こなしを勉強することは必要です。自分の体型に合った、もっとも魅力的に見える着こなしをこれから探していきましょう。

まずは、どんな体型にも当てはまる基本からおさえていきます。

ウエストは必ず強調しましょう。それだけでスリムでセクシーに見えます。それにきちんとした印象を与えることもできます。

単色の色づかいはすらっとした体型に見せる効果があります。どんな体型でも、バランスがいちばん大切。ふんわりしたトップスなら、パンツはぴったりしたシルエットにしましょう。マキシ丈のスカートやワイドパンツなら、トップスはぴったりしたブラウス、タンクトップ、Tシャツです。

では、体型別にぴったりのスタイリングを見ていきましょう。

・スリムで長身

誰もがうらやむ体型ですが、本人にとってはいろいろ大変ですよね。すらっとした長身の人は、少しサイズが大きい服を着ただけでもガリガリに見えてしまいます。スリムな人もだぼっとしたシルエットの服を着こなすことはできますが、ここでも大切なのはバランス。

それに服の素材も重要です。ゆったりとしたエレガントなシルエットに見えるか、それともずた袋をかぶったみたいに見えるか。それを分けるのは、素材です。ぴったりした服を着たら痩せすぎに見えるかもしれない、という心配はいりません。むしろ大きいサイズのほうが痩せすぎに見えます。もし胸が小さくて、上半身のボリュームを出したいと思っているなら、柄物やひだ飾りなどがいいでしょう。

・リンゴ体型、あるいは大きめサイズ、またはその両方

全体的にボリュームのあるリンゴ体型や大きめサイズの人は、何があってもとにかくウエストを強調してください。ベルトを使う、トップスの裾をボトムスの中に入れる、またはウエストがあるように見えるデザインの服を着る。

大きめサイズの女性たちは、たいてい大きすぎる服を好んで着ていますが、それは間違いです。服を選ぶ基準は、自分の体に「フィット」するものであって、自分の体を「隠す」ものではありません。何度も言いますが、隠すのは何の解決にもならないのです。太めの人は、だぼっとした服で全身を隠そうとしますが、かえって逆効果です。むしろ太めだからこそ、体にぴったり合った服を着てください。そのほうが女ら

しい体型に見えます。ふんわりしたシルエットを出したいなら、ぴったりしたトップスにドレープのついたアウターを合わせましょう。柄物を着る場合は、小さくて繊細な柄ではなく大きいパターンにします。小さな柄はうるさく見えてしまうでしょう。

・洋ナシ体型

下半身にボリュームのある洋ナシ体型の人は、自分の体でいちばん細いところを強調してください。それはどこかというと……ウエストです！　この体型の人は、トップスはぴったり、ボトムスはゆったりのシルエットがきれいに見えます。パンツスタイルよりも、ドレスやスカートのほうが着こなしやすいでしょうが、ハイウエストで幅の広いパンツなら、この体型の人にぴったりです。ハイウエストで体のいちばん細いところ（ウエスト）が強調され、足に少しボリュームを出すことでほっそり見える効果があります。ジーンズは、スキニーよりもストレートがいいですね。でも細身のペンシルスカートでヒップを強調するのはありでしょう——ただし、ヒールを履いてすっきり見えるようにするのを忘れずに。

・逆洋ナシ体型

下半身が細くて、上半身が太めの体型です。この体型の人は、絶対に脚を強調してください。ミニスカートかスリムなパンツ、上はブラウスというスタイルがいいでしょう。胸が大きい人は、Vネック、ボートネック、オフショルダーのトップスを着ると、首から肩のラインがすっきりし、視線を顔に集めることができます。クルーネックだと首元が詰まった印象になり、胸が目立ちすぎてしまいますから要注意。柄物やひだ飾りのついたトップスも、同じ理由で避けたほうがいいでしょう。どうしてもクルーネックを着たいのなら、ぴったりしたラインにすること。胸元は大きめに開けて、ボトムスは単色のものを合わせてください。シャツやドレスは、ダーツが入っていて、ウエストがすっきり見えるものを選びましょう。

・砂時計体型

この体型の人は、せっかくのグラマラスな曲線を強調しましょう。ベルトなどで、ウエストの部分をぴったりフィットさせます。裾が長くてヒップが隠れるような服を着ると、服がヒップに引っかかってテントのようになり、野暮ったい印象になってしまいます。あなたには、セクシースタイルがいちばん似合う——この事実を受け入れてください。たしかにハードルは高いですが、大丈夫、あなたにはよく似合います。

・背の高い人、背の低い人

背の高い人、背の低い人は、今まで見てきたすべての体型の人がいます。だからまずは自分の体型がどのタイプかきちんと把握しましょう。背の高い人も低い人も、目立つことを恐れてはいけません。でも、気をつけなければならない点もあります。

とりわけ背の高い人は、どうか背の高さを隠さないで！　隠したい気持はわかります。ヒールを履くと、自分がキリンにでもなったような気がするのですね。余計に背が高くなって、目立ちすぎてしまうと心配している……。でも、フラットシューズがふさわしくない場面もありますし、背の高さばかり気にしていると魅力的でないスタイルになってしまうかも。堂々としていたほうが、すらっとしてエレガントに見えるのです。

魔法の質問をすればベストな服を選べる

朝、着替えるときに、鏡に映った自分を見る——そんなとき、あなたは自分にどんな質問をしていますか?

おそらく「これで大丈夫かしら?」といったような質問ではないでしょうか。

質問のしかたを間違えると、間違った答えが返ってきます。たしかにあなたの服は「大丈夫」かもしれない。でも、それは間違った質問です。あなたに必要な答えは、「大丈夫」とか「問題なし」ではありません。「きれいに見えるか」でさえありません。

あなたがすべきなのは——「この服は何を伝えているの?」という質問です。

これは巨大なパワーを秘めた質問です。この質問のおかげで、客観的な視点を手に入れることができます。薄いブルーの、肩先が隠れる程度のごく短い袖のコットンドレスは「何を伝えているのか」ということを考えられるようになれば、服の表面的な理解(たとえば、夏に着るドレスであるということ)を超えて、服が発するメッセージを解読できるようになる――それはたとえば、「草原でたわむれる無邪気な少女」かもしれません。

そしてメッセージを解読したら、今度は、それが自分が狙っているイメージと合うかどうか考えましょう。

あなたは本当に、そういうイメージで見られたいのですか？　もちろん、あなたはかわいらしい女性でしょう。それに草原が嫌いな人なんていません。でも、それが本当にあなたの狙いですか？

もっときりっとして、自信にあふれ、仕事ができそうなイメージのほうが、その日の狙いには合っているのかもしれない。それとも、セクシーな大人の女性のほうがいい？　そのドレスが自分によく似合うなら、ネイビーのブレザーをはおり、ゴールドのネックレスをつけ、ヒールを履けば、メッセージを変えられるかもしれません。

服が発するメッセージを自覚すれば、自分で印象をコントロールすることができます。これは強力な武器になります。

メッセージはそれこそ無限にあります。心理学の学位がなくても、スタイリングを何十年も勉強しなくても大丈夫。

必要なのは、ただ正しい質問をするだけです――**「この服は何を伝えているの？」**

TPOではなく伝えたいメッセージに合わせて服を選ぶ

ここでクイズです。

あなたは今から面談を控えています。面談の相手は重要人物で、あなたの人生やキャリアに重大な影響を与える力を持っている、あるいは何年も前からあこがれていた人とお茶するチャンスに恵まれたのかもしれないし、ありえないぐらい理想的な仕事の面接かもしれない……そんなときは、何を着ればいいでしょうか？

答える前に、大切なことが一つあります。

「この面談で、どんな結果になることを望んでいるの？」と、自分に尋ねてください。

その結果を実現するには、どんな印象を与えるのがいちばんでしょう？

これから会う人のことを考えてみましょう。

その人はどんな人？　いつもどんな自分を演出していますか？　この面談が映画の一場面だとしたら、相手はどんな役柄でしょう——そして、あなたの役柄は？

この場面で、この人物に特別に届けたいメッセージを、あからさまになりすぎずにさりげなくファッションに取り入れなければなりません。状況を正確に読み、ただの「おしゃれ」や「きちんとした格好」から脱却すれば、物事を思い通りに動かすこともできるのです。

もちろんあなたは、きちんとした格好をしているでしょう。きちんとした格好からは、成功と自信が伝わってきます。

でも、それだけでは不十分。

潜在意識のレベルでは、もっとさまざまな要素がからみあっているのです。そのレベルまで踏み込めば、自分の印象を完全にコントロールできます。

ビジネスライクな雰囲気を出したいのか、それともむしろカジュアルなのか。柔らかい印象を与えたいのか、艶っぽい雰囲気なのか。コンサバ（保守的）？　それともちょっとだけアバンギャルド？

スタイリストという仕事は、こういった微妙なニュアンスを操ることが求められます。

たとえば、前にも登場した赤毛のキャシーから電話があり、出演しているブロードウェイの舞台のためにアルバムをレコーディングすると言われました。

何が問題かというと、PR担当が大勢のジャーナリストを呼んだというのです。レコーディングの間ずっと彼らに見られているなんて、とんでもないストレスです。このの場合、レッドカーペットを歩くスターのようなファッションはNG。もちろんスターらしく美しく見えることは大切ですが、「レコーディングに真剣に取り組むスター女優」という印象を与えなければなりません。

ここでのファッションに正解はありません。

ブロードウェイのサントラのレコーディングだけど、大勢のマスコミがいるので実質的に記者会見のようなものでもある——そもそもこんな状況に決まったエチケットなんてありません。だから、そのときの特殊な状況を理解して、伝えたいメッセージを洗練された形でファッションに盛り込む必要があります。

結局、私が選んだのは、ネイビーのワイドパンツ（ゴージャスな雰囲気を出しながら、派手になりすぎず実用的でもある）、クリーム色のシルクのブラウス（光が反射して顔が明るく見える）、エメラルドグリーンのカーディガン（きれいな緑色の瞳にぴったり）、そしてゴールドのアクセサリーで全体をまとめます。

自信にあふれ、それでいて控えめ。スターのオーラと親しみやすさを併せ持つ。おしゃれで、かつ仕事に集中するプロ意識も感じられる――そのすべてを盛り込んだファッションです。その日の夜、キャシーから電話があり、マスコミみんなからそのファッションをほめてもらえたと言われました。

意識的なスタイリングは、ただのファッションのルールとは違います。パーティに着ていく服とか、春先に着る服の正解を知っていればいいというものではありません。もっと微妙で複雑です。

むしろルールは無視してください。その場面で、何を達成したいのか、どんなことを経験したいのか――それをじっくり考えてください。

そして、その目的に合った服を選ぶのです。友人と仕事の知り合いの両方が出席するパーティですか？　もしそうなら、華やかで楽しい雰囲気も出しながら、仕事の顔も保つことが必要です。それに恋人募集中なら、バーですてきな男性の目にとまるようなキュートな雰囲気も大事。または、彼氏の両親に紹介してもらうようなパーティなら、それに合った印象を考えなければなりません。

私のファッション哲学でもあるのですが、この方法を使うのは、事前に目的がわかっているる大事なイベントだけではありません。

日々の生活でも、ファッションのメッセージを考えることが必要なのです。毎日「今日はどんな私になろうかしら」と考えながら着る服を選ぶのは、とても実用的で、楽しい方法です。

先日、一緒にランチに行った女友達は、さりげなくスタイリッシュな服装でとてもおしゃれでした。小さな水玉模様のついたグレーのシルクのブラウスで、大きめの襟、ボタンは上まできちんと留める。ハイウエストのグレーのパンツ、そしてグレーのハイヒールのブーツ。

本人が狙ったイメージは、「古き良き時代の知的な女性」とのこと。最高の答えです。ただ合いそうなアイテムを選んだだけではありません。自分の役柄を決め、その役柄に沿ってアイテムを決めたのです。

遊びでも、絶対に失敗は許されない場面でも、こういう服の選び方はとても役に立ちます。ただ見た目だけでなく、自分の役柄まで考えれば、自分のスタイルを俯瞰して客観的に眺めることができる。あとは状況や役柄に応じて微調整を加えてください。

正しい靴でファッションを完成させる

昔から「靴が人を作る」と言われています。靴は絶対にはずせないアイテムです。ファッション全体の品格は靴で決まります。たぶん靴のことだけで一冊の本が書けるでしょう。たしかに靴は顔からいちばん離れたところにありますが、すごく目立ちます。女性なら誰もが靴を崇拝しています。道行く人の靴を羨望のまなざしで眺め、ときには呼び止めてどこで買ったか尋ねることすらあります。

女性が身につけるアイテムの中でも、靴は特に雄弁です。その女性のタイプを、一足の靴がすべて物語っています。

その女性は、セクシーなのか、ビジネスライクなのか、忙しい人なのか、それとも偉い人なのか。おっちょこちょい？　だらしない？　時代遅れ？　マスコミの人？　銀行にお勤め？

スーツは同じでも、靴が違えばまったく違う印象になります。

たいていの人は、靴を見ただけで相手の人となりや社会的な地位を判断します。合わない靴を履いていると、嫌でも目につきます。せっかく完璧な服を選んだのに、靴のせいで全体が台無しになってしまった経験は誰にでもあるでしょう。たった一瞬の判断を誤ったせいで、その日はずっと気分が晴れないのです。

だから靴は絶対に無視できません。

ヒールは女性らしさの象徴です。セクシーで艶っぽい雰囲気はヒールにしか出せません。それに、脚も長く見えるし、背も高くなるし、ドラマチックな雰囲気にもなる。あなただって、ヒールを履いたほうがきれいに見えることはよくわかっているはず。その証拠に、結婚式やフォーマルな集まりに行くときのファッションを選べと言われたら、90パーセントの確率でヒールを選ぶはずです。

大事なことなので何度も言いますが、**ファッションのレベルを上げたいと思っているなら、特別な日にしか身につけないアイテムを、普段着にも取り入れるのがいちばんの方法です。**

私はなにも、パーティドレスを着てスーパーに買い物に行きなさいと言っているわけではありません。でも、その野暮ったい靴を脱いでセクシーなヒールに履き替えたら、同じジーンズでも印象ががらっと変わります。ただヒールを履くだけで、いつもの普段着がいきなりおしゃれに見えるのです。

見た目と履きやすさを両立したヒールはたくさん出ています。普段用の履きやすいヒールをそろえるのは誰でも可能なのです。

普段から目を光らせて、履きやすく美しいヒールを探し、見つけたらすぐに手に入れましょう。

ピンヒールだけがヒールではありません。ヒールの種類は、ジーンズの種類と同じくらいあります。履きやすいのは、ヒールが太くてやや低いタイプ。ウェッジソールも履きやすいで

す。それでも、ヒールが高くなるほど脚がきれいに見えるという原則は覚えておきましょう。

むしろいちばん難しいのは、ヒールがなくて履きやすくて、しかも女性らしくて美しい靴を見つけることでしょう。私に言わせれば、フラットシューズはカジュアルすぎるしおもしろくありません。でもどうしてもというのなら、できるだけ女性らしくて楽しいデザインを選んでください。色やデザインでずいぶん印象が変わります。

脚を出すなら、ラインがきれいに見えるバレエシューズがいいでしょう。モカシンやドライビングシューズ、ローファーは、かっちりした存在感があるのでスカートよりはパンツスタイルに合います。

靴の買い物では、失敗することもあるし、がっかりすることもある。それはよくわかりますが、どうかあきらめないでください。自分の足に合ったブランドをいくつか見つけたら、数カ月に一回ぐらいの頻度でお店をチェックして、いいものがあったら実際に履いてみましょう。

パーフェクト・クローゼットの法則（第3章で詳しく見ていきます）に従うと、靴もすべてパーフェクトでなければなりません。

でも、大切なのは組み合わせです。似合う靴を、似合う服、似合うアウター、似合うバッグ、それに似合うアクセサリー、似合うメイク、似合う髪型と合わせましょう。だから靴の話になると、「とにかく試着しまくりなさい」ということになるのです。

クローゼットに入っているすべてのアイテムが、自分のルックブック（あなただけのファッションカタログのこと。第6章で詳しく見ていきます）の中で分類されるまで、何度でも試行錯誤をくり返してください。まず服を着て、それに合いそうな靴を3足以上履いてみて、どれがいちばんしっくりくるか見てみましょう。

小物づかいが苦手というあなたへ

あなたのタイプは見なくてもわかります。自称ミニマリストで、白のTシャツにカーキのパンツ、もしかしたらシンプルなピアスと腕時計ぐらいはつけているかもしれませんが、大ぶりの小物は一切つけないタイプ。

そんなふうに小物をとことん拒否するのは、実は恐怖と混乱が原因なのです。いつも同じバッグで、いつも同じネックレスの人――これは、忙しくてそんなことにかまっていられないという気持ちのあらわれです。

それに、バッグをとっかえひっかえするなんて、女優かモデルだけでしょう? 普通の女性に、そんな暇はなし。赤ちゃんがいるお母さんだったら、シャワーを浴びる時間を見つけるのだって大変でしょうから(これは皮肉ではなく、お母さんが忙しいのはよくわかります。真っ先に省かれるのはもちろんアクセサリーでしょう)。

でも、小物やアクセサリー一つで、ファッションのメッセージはがらりと変わります。どうってことない服でも、小物やアクセサリー次第でどんなシチュエーションにも通用する服に様変わり。きちんとした服なら、アクセサリーで最高の服に変身できます。

おしゃれが苦手な女性は、たいてい小物やアクセサリーをまったく活用していません。別になくてもいい、上級者用なので自分には関係ない、と思っているのです。あなたもその一人なら、この部分は絶対に飛ばさずに読んでください。

多くの女性が小物やアクセサリーに無関心です。でも、正しい小物やアクセサリーは、似合う色と同じ働きをしてくれる――まるでプロの写真家に撮ってもらったポートレートのように、顔をぱっと明るくしてくれるのです。

たいていのアクセサリーは、光る素材でできています――ゴールド、シルバー、ダイヤモンド、その他の宝石、ビーズ、真珠。

それにはきちんと理由があります。光を反射し、顔を明るく照らし、人々の視線を、美しい顔、ほっそりした手首、すらりとした指に集中させてくれるからです。Tシャツとジーンズもあっという間におしゃれ着に早変わり。赤ちゃんのいるお母さんの楽な服装だって、小物やアクセサリーだけでかなりおしゃれに見えます。

宝石、スカーフ、ベルト、ハンドバッグなどいろいろありますが、どんな小物やアクセサリーでもファッションのメッセージを変える力を持っています。ここでも大切なのは、「これは何を伝えているの?」と自分に尋ねること。

その小物やアクセサリーをつけると、全体の印象はどう変わるでしょう? 小さいものかもしれないけれど、ファッション全体の印象をびっくりするぐらいがらっと変える力があります。

たとえば、かわいらしいワンピースを着ているとしましょう。花柄で、ふんわりしたシルエット——ちょっとかわいらしすぎるぐらいかもしれません。そこにざっくり編んだベルトを合わせると、それだけでぴりっと引きしまって見えます。ベルトによって、単純なメッセージが多層的になり、異質の素材と色が加わったことで、複雑で面白くなります（ウエストも引きしまって見えます）。そこにヒールの高い辛口のブーツを合わせ、ブレスレットを二つつければ、立派なファッションのできあがり。

大事なのは細部です。細部はホームランを放つことができます。いつものジャケットとパンツが一つのテーマを持つのも、いつものスーツが輝くのも、普通のアンサンブルがあなたらしい個性を持つのも、すべて小物やアクセサリーのおかげなのです。

プロのスタイリストでも、実際に試してみなければ、あるアイテムを身につけたときにどう見えるかわからないこともあります。

だからあなたも、小物やアクセサリーを選ぶときは鏡の前で慎重に選んでください。赤のドレスにゴールドのネックレスを合わせる——たしかにいい組み合わせになりそうです。でも、ドレスに柄があり、ネックレスがゴージャスな二連なら、ゴチャゴチャしてうるさい印象になってしまうでしょう。

逆に、単色で素材も一種類のドレスなら、アクセサリーは大きくて派手めなものを二つつけたほうがいいでしょう。そしてもちろん、全体のチェックを忘れてはいけません。靴やアウターと合うかどうかも確認します——靴の選択によって、アクセサリーと服の組み合わせが生み出す印象が大きく変わるからです。

小物やアクセサリーに強い苦手意識を持っている人はあまりにもたくさんいます。

でも慣れてくると、みなさんの頭の上でぴかっと電球が光るのが見えます。大人の女性にとってのアクセサリー選びは、小さな女の子がお母さんの化粧品やアクセサリーで遊ぶのと同じようなもの。つまり楽しくなければいけません。楽しめるようになれば、すぐにコツがつかめます。

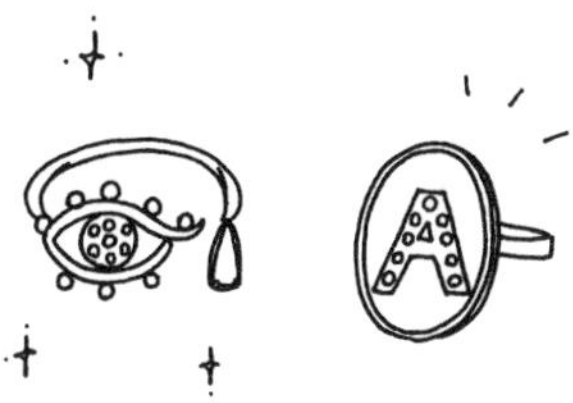

メイクをサボってはいけません

服についての本なのに、なぜメイクの話が出てくるのか。それは、スタイルとは服だけでなく、外から見えるあなたのすべてのことだからです。そして何度も言っているように、人は外見で判断されます。

メイクも、ワードローブの重要な一部です。それぞれ独自の色、質感、メッセージがあります。統一感のある自分らしいスタイルを確立したいなら、ヘアとメイクを無視するわけにはいきません。

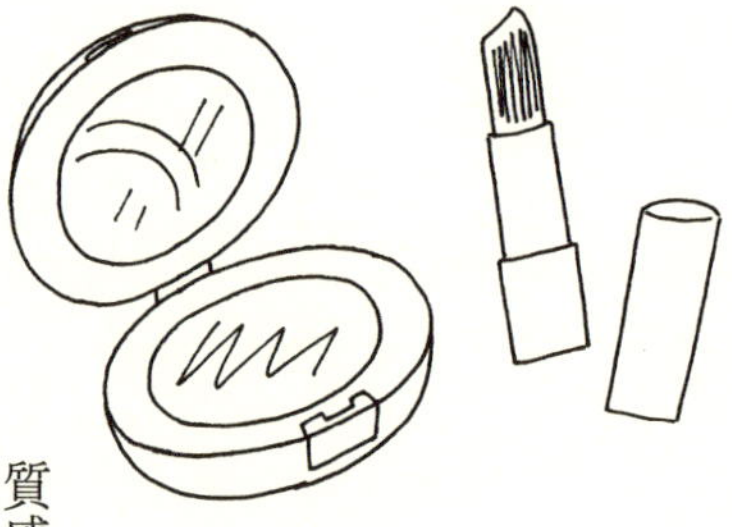

ここでタイムマシンに乗り、自分の結婚式の当日に行ったつもりになってください。花の用意もよし、ドレスも完璧、ゲストもそれぞれの席に着いた。さあ、ついに本番です。そのときあなたは、すっぴんで登場しますか？　まさかそんなことはないでしょう。おそらくプロと相談しながら当日のメイクを何度もリハーサルしたでしょう。本番では、ばっちりメイクして登場する——フレッシュで、自然で、美しい、バージョンアップしたあなたです。

どんなに頑固なすっぴん主義者でも、晴れの舞台では手持ちの武器をすべて使うでしょう。どこまでも「自然な」美しさに見えるように厚化粧するでしょうし、肌の色とは違うファンデーションまでつけるかもしれない。つけまつげをつけて、健康的に見えるようにチークを入れる。それに最高に艶やかで美しい髪に見せるために、何時間もかけて準備をするはずです。

私はなにも、普段の生活でもプロのヘアメイクを雇いなさいと言っているわけではありません。とはいえ、気合を入れるときと、気を抜くときをはっきり分けることについて、もう一度考え直してほしいのです。

100点満点の自分になる方法を知っているのに、なぜそれ未満で満足するのですか？

あなたを最高に美しくするための道具は、すでにそろっているのです。せっかくあるのだから、活用しなければもったいない。ただ、欠点を隠して（目の下のクマかもしれないし、肌のくすみかもしれない）、長所を最大限に強調するだけです（目かもしれないし、骨格かもしれないし、唇かもしれない）。わざとらしくならずに、プロの技をいつものメイクに取り入れる方法はたくさんあります。

プロにメイクしてもらったことが一度もない人は、ぜひ体験してみてください。デパートの化粧品売り場でもいいですね。昼のメイクと夜のメイクの両方を教えてもらい、それぞれに必要なアイテムも教えてもらいましょう。

自分でメイクをするときは、次のことに注意してください。

・メイクを使って修正する

ヌーディカラーのパレットを使って丹念に重ねづけし、陰影をつけたアイメイクはドラマチックな印象を与え、夜にぴったり。それに鮮やかなリップで全体の印象を明るくします。まつげが薄い人は、絶対にマスカラを忘れてはいけません。チークは必須アイテムです。

・メイクを使って強調する

あなたの宝物は何ですか？　唇がきれいなら、色で強調しましょう。瞳がドラマチックなら、濃い色のアイライナーを重ね塗りして瞳をさらに強調しましょう（ただし、アイメイクは手強い相手です。まずプロに相談して、自分の瞳の色や骨格に合うアイメイクを教えてもらってください）。

・週末もメイクをする

カジュアルな格好をしているときこそ、メイクが全体のおしゃれ度を上げるカギになります。リラックスタイムに顔に何か塗るなんて信じられないという人は、まずはアイライナーとリップグロスだけから始めてみましょう。

・大胆なメイクを恐れない

あるクライアントが、ついにきれいな色の口紅をつけるようになってくれました。周りの人たちに好評で、「急にスタイリッシュになったね！」という言葉をかけられるようになりました。まだ服装のほうはほとんど変えていなかったのに――これが口紅が持つ力です。特に、アイシャドーと口紅を買うときは、プロの商品知識とメイク術を参考にしてください。

お出かけ前の最終チェックリスト

私のスタイリング哲学を実地で応用する方法については第3章から見ていきますが、いくつかの基本原則なら、今すぐに始められます。基本的には、鏡の前で起こっていることがすべてです。家を出る前の最終チェック項目をお教えしましょう。

□ サイズが合っているか確認する

今着ている服は、サイズがぴったり合っていますか？　もし合っていないなら、すぐに脱いで「保留」の山に分類してください。

□ 似合っているか確認する

サイズが合っているだけでは合格とは言えません。似合っていることも必要です。鏡をよく見て、自分の長所のうち、最低でも一つはきちんと強調されていることを確認してください。

☐　色をチェックする

色のチェックに手抜きは許されません。後の章でクローゼットの中から似合わない色を一掃する（そして最終的には、似合う色だけをそろえる）ことになりますが、練習を重ねているうちに色選びはどんどん簡単になっていくでしょう。自分に似合う色のアイテムだけをそろえれば、もう色づかいで失敗することはありません。とはいえ、色の組み合わせには注意が必要です。互いに補完する色で、なおかつその日の目的と気分に合った色を選びましょう。

☐　全体の調和を見る

コーディネートに統一感はありますか？　形、柄、色、スタイル、素材は、すべて気持よく調和しているかを確認しましょう。

☐　メッセージを確認する

ここで肝心の質問です――「この服は何を伝えているの？」。あなたが伝えたいメッセージは何ですか？　今日のファッションは悲しみを表している？　それともウキウキした気持？　どんなスタイルでも、ポジティブな要素は必要です。それは色で表現してもいいし、柄や形でもいいでしょう。全体になじまずに、悪目立ちしている部分はありませんか？

それから私が思うに、小物やアクセサリーに関しては、たいていの女性が控えめすぎるという間違いをおかしがちです。

いつもの習慣からわかること

ここまで読んだみなさんならもうわかっているでしょうが、おしゃれは誰にでもできることです。

生まれつきおしゃれな人と、そうでない人が決まっているわけではありません。おしゃれかどうかは、意識の持ちようと、日々の訓練で決まります。

だからこそ、自分のいつもの習慣を見直すことがとても大切になるのです。現在のおしゃれ環境を把握すれば、理想のスタイルへと続く道が見えてくるでしょう。

・あなたは普段、どんな服を着ていますか？

・それはあなたという人について、何を物語っているでしょう？

ここで、最初に用意したファッションノートを取り出して、次のエクササイズを行ってください。

My Fashion Note

1 いつもの習慣をふり返る

朝のルーティンを書いてください。着替えるときは、どんな気分ですか？　いつも慌ただしいならなぜ余裕がないのか考えて。状況を改善するためにできること——15分早く起きる、前の晩にコーディネートを決めておく、など。

2 サイズについての思い込みを検証する

今あるワードローブのうちで、いちばんフィットするものは何ですか？　どうしてそれはあなたの体型に合っているのでしょう？　あなたはいつも、ぶかぶかの服で気になる部分を隠していますか？　自分にフィットしないとわかっていながら服を買うことはありますか？

3 妥協しない

知人は朝出かける前に鏡を見て、「変なかっこうだわ」と思いながら、そのまま出かけてしまうそうです。ここでもまた、原因を探ることが大切です。単におしゃれの必須アイテムが足りないだけ？　それとも、潜在意識できれいになることを拒否している？　人はときに、最高の自分になるのを恐れることがあります。それは、何が起こるかわからないからです。自分はなぜ「変な格好」や「そこそこの服」で妥協してしまうのか、その理由を探ってみましょう。

4 あなたの盲点は？

あなたのファッションで、いつも気が回らない部分はどこでしょう？　メイク？　アクセサリー？　アウター？　盲点がわかったら、なぜそうなるのか、自分に正直に考えてください。髪についてはあきらめてしまった？　メイクは面倒だから？　アクセサリーボックスの中でネックレスが絡まっていて使えないなら、ボックスの中をきちんと整理してみましょう。意外な掘り出し物があるかもしれませんよ。

5 身支度に楽しみを見いだす

どんなイベントだったら、着替えが楽しくなりますか？　友達との夜遊び？　パーティや特別なイベント？　高級レストランでのデート？　楽しい身支度はなぜ楽しいのか。その理由を、いつもの身支度にも取り入れられないでしょうか？　気持ちを盛り上げる方法を探してみましょう。明るい音楽をかけてみては？　朝が苦手なら前日の夜に服を選んでおくのもいいですね。

普段着こそ気を抜かない

スポーツジムまたはヨガスタジオや公園については、たいていの人が「おしゃれしなくてもいい場所」に分類しています。

でも、それは大間違い！　未来の夫に出会うかもしれないし、ビジネスで有力なコネができるかもしれないし、それに新しい親友とめぐり会えるかもしれません。

たとえば、スポーツジムは出会いの宝庫です。

あるクライアントは、仕事の契約のほとんどをニューヨークのおしゃれなジムで獲得しました。たとえジムでの人脈作りなんて興味ないと思っている人でも、人目に触れる場所でおしゃれに気をつかわずにいると、全体の気分に悪い影響があります。ジムでのファッションについては言いたいことが山ほどあるので、私なりの鉄則を次のページにリストアップしました。参考にしてください。

・恋人や夫、兄弟の服など男性用の服は絶対に着てはいけません。
・高校や大学時代の服を着ない。許されるのは現役の学生だけ。
・ぶかぶかの服を着ない。
・家の掃除や洗車のとき用の服は着ない。
・変な組み合わせの服を着ない。変な色の組み合わせにしない。ピエロのような格好は卒業しましょう。
・穴のあいたスニーカーは履かない。汗じみができたTシャツは着ない。
・脚にぴったりフィットしたパンツかレギンスを着用する。
・体型にぴったりフィットするトップスを見つけ、色違いでたくさん買う（エクササイズ用のTシャツにおしゃれなデザインはあまりありません。引きしまったアスリート体型でない人は、女性らしいラインが出るようなデザインのTシャツを選びましょう）。
・トレーニングウェアにもプライドを持つ。

ぶかぶかのスウェットを着たからといってすぐにうつ病になるわけではないけれど、気分が盛り上がらないのもたしかでしょう。嫌でも体に意識が向く環境なのだから、体型に自信のなさそうな格好をしていると、やっぱり心から楽しむことはできません。自分がきれいに見えることを自覚していると、トレーニングにも気合が入ります。それに、ジムに行くのをサボらなくもなるでしょう。

そもそもこの本の目的は、理想の人生を送るためのファッションを実現すること。**だからジムに行くときは、理想の体型になったつもりでトレーニングウェアを選んでください。**

おしゃれなスポーツブランドの新作トレーニングウェアなら、それを着るだけでやる気が出るでしょう。

Chapter 3

これさえそろえれば一生モノ！

クローゼットの必須アイテム22

みすぼらしい格好をしていると、
服だけが人の記憶に残る。
非の打ちどころのない格好をしていると、
それを着ている女性が人の記憶に残る。

——ココ・シャネル

世の中にはすべての女性が持つべき必須アイテムというものが存在します。どんな本でも雑誌でもウェブサイトでも、書いてあることはだいたい同じです。それにはちゃんと理由があります——単純な話で、実際に役に立つから。

必須定番アイテムは基本的に、どんな服やスタイルにも合わせられます。

定番とはつまり、「シンプルで質がいい」という意味。

どんな体型でも似合い、どんなシチュエーションでも着ることができます。

そういった定番を基本にして、最新流行のアイテムや、衝動買いしたファストファッションなどを合わせていきましょう。

定番に流行はありません。高いほど質がよく、質がよいほど長持ちします。

定番アイテムこそクローゼットの主役です。もっともお金をかけてください。

定番はあらゆるスタイルと合わせられるので、すぐに元が取れるでしょう。

質のよい定番アイテムがそろったクローゼットは、実用的なだけではありません。満足感が高く、豊かな気持になることができます。開けるのが楽しいクローゼット、必要なものはすべてそろっているクローゼット——そこから選べば、必ず自信が持てるおしゃれをすることができる——そんなクローゼットを一緒につくっていきましょう。

100点満点を集めたパーフェクト・クローゼット

必須アイテムをご紹介する前に、鉄則を確認しておきましょう。これは定番アイテムだけでなく、すべてのアイテムに当てはまります。

鉄則：クローゼットの中身は、すべて100点満点＝パーフェクトなアイテムでなければならない。それ未満は認めない。

しっかり胸に刻み込んでください。パーフェクト・クローゼットにするなんてムリ！と思う人も多いでしょう。スタイリストでも億万長者でもないのだから。

でも、私が言いたいのは、**あなたのクローゼットにも100点満点のアイテムがあるということです。**

あなただって就職の面接でも、最初のデートでも、大事なミーティングでも、またはいきなりテレビに出ることになったときでも、絶対にきれいに見せなければならないときは、いつもパーフェクト・アイテムに頼っているでしょう。

普段の生活では、大きなイベントなんてそうはありません。

だから、前もってわかっている大きなイベントのときだけおしゃれをするのは、自分では気づいていないチャンスに対して、扉を閉ざしてしまっているのと同じ。そうではなく、今この瞬間を楽しんで、チャンスをつかみましょう。

もちろん、100点満点になれない日もあるでしょう。

でも「100点満点をめざす」という目標だけでも、大きな力があります。多くの人にとって、毎日70点になるだけでもかなりの進歩です。買うのはパーフェクト・アイテムだけと決めるだけで、必ず変身できるのです。

パーフェクト・アイテムの見つけ方

100点満点《パーフェクト・》のアイテムは、フォーマルでもカジュアルでもスーツでもジーンズにもあります。ただのTシャツや、ジムへ行くときの服だって100点満点になれます。

パーフェクト・アイテムの条件は、次のとおり。

- ぴったりのサイズであること
- あなたがきれいに見えること
- あなたの長所が目立つこと
- 弱点をカバーしていること
- 健康で元気によく見える色を、少なくとも一色は含んでいること
- 清潔で、新品のようにパリッとしていること
- 着ていると必ずほめられること（ファッションをほめられたら、よく覚えておきましょう。自分がどう見られているかを解読するカギになります）
- 着ているあなたが最高の気分になること（もっとも大切な条件です。それを着ていると自信に満ちて、心がはずみ、エネルギーがあふれてくる）

実はあなたには、パーフェクト・アイテムを見極める目がすでに備わっています。この本を最後まで読めば、さらに感覚が研ぎすまされ、ワゴンの山の中からだって100点満点のアイテムを見つけられるようになるでしょう。

でもその前に、「毎日、どんなときでも100点満点をめざす」という誓いを立てましょう。

一生モノの定番！ 必須アイテム・リスト

これから必須アイテムを紹介していきますが、シーズンによっては、同じアイテムを複数そろえてください。定番の色と形がそろったら、そこから生地や細部のデザイン、色などが違うものを足していきます。

定番はつまらないから嫌いという人は少なくありません。私のクライアントにも、クローゼットの中に定番アイテムが一つもなくて、代わりにミニスカート、マキシドレス、大量のタンクトップが詰まっているような人はたくさんいます。

でも、必須アイテムをそろえれば、例の「着るものが何もない!」というパニックを起こすこともなくなります。

今までの妥協だらけのファッションとは、もうさよなら。いつでも自信が持てるファッションが可能になります。それに無難でも退屈でもなく、応用は無限です。どうやって着こなすかはあなた次第。

これらのアイテムもすべて100点満点《パーフェクト》でなければなりません。慎重に選んだ、完璧な定番アイテムをそろえる——本当の変身はそこから始まるのです。もういつもの服を何も考えずに買ってはいけません。

上質で、どこにでも着ていける定番がそろっていれば、あなたのファッションはがらりと変わります。何を買えばいいのか自信も持てるようになります。ファッションが発するメッセージを自分でコントロールできるのです。

では、次のページからそれらのアイテムをご紹介していきましょう。

item_01

The Classic Little Black Dress

●リトル・ブラック・ドレス

リトル・ブラック・ドレス（LBD）はどんな場面でも活躍する完璧な定番アイテム。これがないクローゼットなんて考えられません（私の言葉が信じられない人は、ココ・シャネル、オードリー・ヘップバーン、ダナ・キャランに聞いてみてください）。これさえあれば、急なお呼ばれでもパニックを起こすことはもうありません。

タイツとブーツを合わせればカジュアルになり、ヒールと存在感のあるジュエリーを合わせて、ドラマチックなメイクをすれば華

Such a go-everywhere icon that you simply cannot construct a functional closet whitout one.

The perfect little black dress should suit both your personality and you body type.

やかな装いに。フラットシューズを履いてジャケットを着れば、職場でもOKでしょう。
シンプルで、すらりとスリムに見えて、洗練されていて、大人っぽくて、上品で、自信にあふれ、それに流行に左右されません。

リトル・ブラック・ドレスといっても「リトル」にこだわる必要はありません。丈は長くてもかまいませんが、シンプルで飾りが少ないことは絶対条件です。

デザインはAライン、ホルターネック、ストラップレス、ラップドレス、ふんわりしたシルエットなど、あなたの個性と体型、そして好みに合ったものを選んでください。

item_02

A Classic Fitted Trench

It's one of those pieces
that are so simple,
yet so graceful and timeless
and cinematic.

●クラシックなトレンチコート

釣りに着ていくようなアウトドア・アイテムを普段着にするのはもう終わり！　軽くて何にでも合わせられるトレンチなら、風が冷たくても雨が降っていても大丈夫。ジーンズに合わせても、ドレスに合わせてもスタイリッシュです。色は定番のカーキやネイビーもすてきですが、チェリーレッドやグリーンのトレンチを着ると、天気の悪い日でも気分が明るくなります。極限までシンプルだけど、優雅で女優のような気分になれるし、いつの時代でも色あせない――トレンチコートはそんなアイテムの典型です。

item_03

The Sexy, Pull-Out-All-The-Stops Dress

●運命のワンピース

どんな女性でも、「運命のワンピース」が必要です。これは、意識して探しているときよりも、むしろ思いがけないときに偶然見つかるでしょう。ワンピースのほうがあなたを呼ぶのです。その声を聞き逃さないように。

完璧なワンピースの力をあなどってはいけません。最高に似合うシルエットのワンピースを着ていれば、一瞬で注目を集めることができます。白と黒の水玉模様のホルターネックかもしれないし、カラフルなキャンディストライプのサンドレスかもしれない。特別なときだけでなく、ぜひ普段から着てください。

The magical little item
I like to call
"The Dress of Your Life".

item_04

The Pencil Skirt

●ペンシルスカート

ペンシルスカートとは、ウエストから裾までがまるで鉛筆《ペンシル》のような細身のタイトスカートのこと。黒かネイビーのベーシックなペンシルスカートは、すべての女性の必須アイテムです。上質な生地で、サイズはぴったりでなければなりません。シルクのブラウスを合わせればオフィスに、シャイニーなタンクトップとヒールを合わせればパーティへも着ていけます。カーディガンとタイツとパンプスを合わせればセクシーな図書館司書（男の人が書棚の陰でばったり出会いたいと妄想しているタイプです）。ワードローブが充実してきたら、似合う色のペンシルスカートを、さまざまな素材で何着かそろえてください。とにかく必須アイテムです！

Everywoman needs a great pencil skirt in basic black or navy.

item_05

An Immaculate Pair of Black Dress Pants

It will take you anywhere, emitting a satisfying combination of confidence, sex appeal, and power.

●非の打ちどころのないきれいめの黒のパンツ

きれいめの黒のパンツをクローゼットに常備していないなんて！　もちろん、体型にぴったり合うパンツを見つけるのが難しいことはわかっていますが、必ず一本は入手してくださいね。シルクのブラウス、ヒール、黒のパンツがあれば、どこに行っても恥ずかしくありません。自信、セクシーさ、パワーのすべてを表現することができます。

さまざまな素材やサイズやシルエットのものが売られています。あらゆる選択肢の中から、自分にぴったりのブランドを選べるため、デパートでの購入がおすすめです。

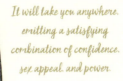

item_06

The Cashmere Sweater

●上質なカシミアのニット

シンプルなトップスと、きれいめのパンツ、あるいはジーンズだけでおしゃれに見せるにはどうすればいいのでしょう。それには、トップスを上質なカシミアのニットにすればいいのです。色は自分にいちばん似合う色にしてください。

着ている本人だけでなく、それを見る人もカシミアの上質さを味わえます。カシミアには他にはない魅力があります。繊細で、高級そうで、すらっとしたシルエット。カシミアはもっとも上質な素材の一つです。まるで魔法のように、年月とともにむしろ柔らかくなる。

Make that pullover
a gorgeous cashmere sweater
in one of your best colors.ww

A luxurious, self-affirming message that boomerangs its way out into the universe and comes back around to you.

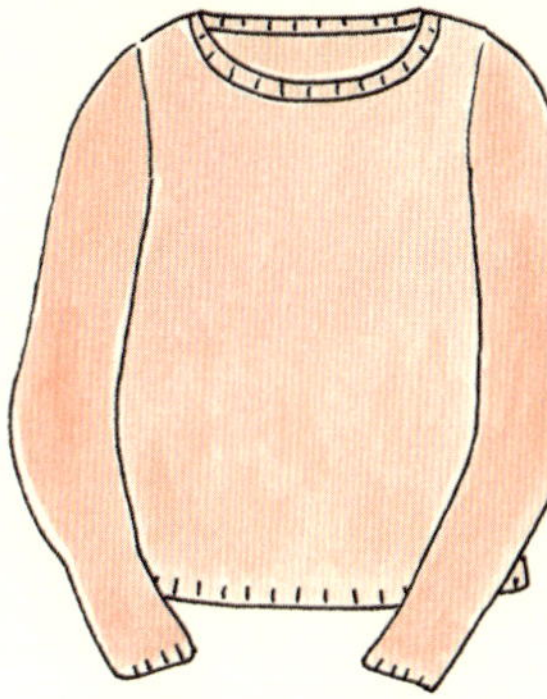

つややかで、肌ざわりも最高で、しわになりにくく、型崩れせず、ウールよりも暖かいのにずっと軽い。薄い素材なら、通気性がいいので春も着られます。きちんと手入れをすれば、まさに一生ものです。

つまり、初期投資が多少高くついても、元は十分すぎるほど取れるということ。

さまざまな価格で売られているため、そんなに大金を出さなくても買えますが、私にとってカシミアはやはり豊かさの象徴です。カシミアが発する贅沢と自信のメッセージはやがてブーメランのようにあなたのところに返ってきます。

item_07

The Ultimate Pair of Jeans

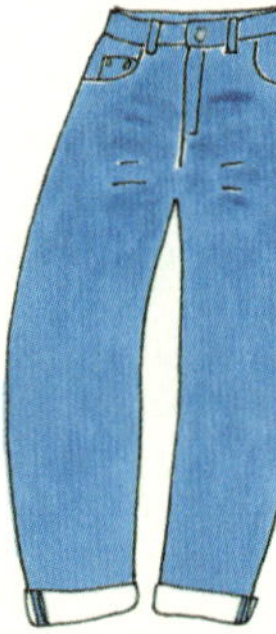

And if you're lucky enough
to find this fit
in a lower price bracket
(some women aren't),
go to town.

●究極のジーンズ

セクシーな後ろ姿を手に入れたい？　それなら、最高のジーンズを見つけてください。最近のジーンズは、オートクチュールかと思うほど凝った作りですから、どんな体型・好みでも、究極の一本は必ず見つかります。デザインは、ハイウエスト、スキニー、クロップド、ワイドなど。ヒップをきれいに見せてくれるものもあれば、脚を長く見せてくれるもの、ウエストを細く見せてくれるものも――選択肢は無限大です。

今すぐデパートへ行って、あらゆるジーンズを試してみましょう。**他の買い物のついでではなく、この目的のためだけに行ってください。究極のジーンズを見つけるまで、妥協してはいけません。**

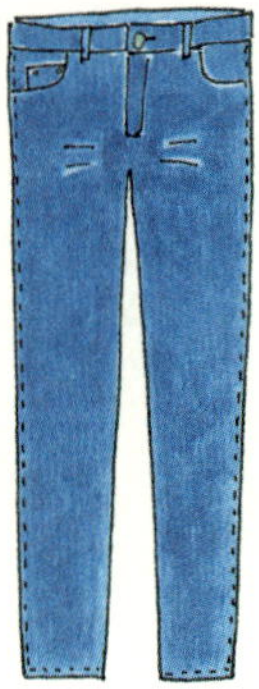

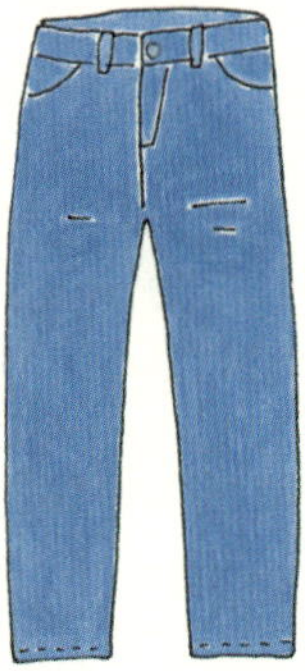

item_08

The Silk Blouse

It stands for a commitment to improving the general level of quality in your tops.

●シルクのブラウス

白かクリーム色で、最高のシルエットのシルクのブラウスはただの「必須アイテム」ではありません。**シルクのブラウスを持つことは、あなたの着るトップス全体のレベルを上げるという決意表明なのです。**

なぜなら、上質のトップスは、女性のワードローブの大きな弱点でもあるからです。汗をかくし、食べ物をこぼすこともある。トップスは他のアイテムよりも寿命が短い。だからあまりお金は使いたくない……。ただ、

そういう考えでいると、イマイチなものばかりがそろってしまいます。トップスは、顔にいちばん近いアイテムなので、注目を集めて存在感を出す役割があり、重要なのです。まずはペンシルスカートとブレザー、またはジーンズと合わせてみてください。本当によいトップスの力を体験すると、もっと手に入れたくなるでしょう。

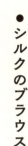

item_09

A Fitted Blazer

●サイズのぴったり合ったブレザー

アウターはカーディガンかデニムジャケットしか着ないという人も、サイズのぴったり合ったブレザーは必須アイテムです。着るだけで存在感が増し、きちんとした印象になります。ジーンズとTシャツだけなら週末モードですが、ブレザーを着るだけで、仕事のできる女を職場で演出できます。

ブレザーは、スーツの一部でも、単品のブレザーでもOKですが、選択肢が広がるのでスーツのほうをおすすめします。よいものを着ると、肩のラインが強調され（スリムに見え、なおかつ仕事ができそうに見えます）、ウエストが細く見え（みんなの望みですね）、顔に注目が集まり、肌寒いオフィスやレストランでも暖かく過ごせます。

自分に似合うシルエットを選んでください――ショート

A black or navy version is going to give you
the most bang for your buck.

丈か、ロング丈か、定番デザインか。

手持ちの服と合わせられることも大切です。黒かネイビーのブレザーはいちばん着回しができて重宝します。

手に入れたら、とことん着倒すこと。たとえば秋には、サマードレスの上にブレザーをはおり、タイツとブーツを合わせる、など着こなしが楽しめます。

item_10

Two Perfect Cardigans

●完璧なカーディガンを2着

カーディガンを「安心毛布」のように使っている人は多いでしょう。たるんだ二の腕やおなかを隠してくれるありがたい存在で、着古して伸びきっている……。

この必須アイテムリストの目的は、ワードローブをアップグレードすること。

だから、サイズがぴったりで、エレガントで、スリムで、応用が利いてパンツともペンシルスカートとも合わせられるカーディガンが1着なければなりません。

もう1着は、丈が長くてくだけた印象のカーディガン。ジーンズやタンクトップと合わせれば、夜のお出かけや週末のおしゃれにぴったりです。

Though I love a boyfriend blazer over a flirty, romantic dress, a beautiful cardigan can look just as great.

item_11

The Giant Black Wrap

●黒の大きめのストール

急なお呼ばれがあったときなどに、柔らかくて、体のラインを美しく見せてくれる黒のストールほど頼りになるものはありません。グラマラスで、なおかつ暖かいこの1枚があれば、いつフォーマルなイベントに呼ばれてもアウターの心配はいりません。リトル・ブラック・ドレスの上にはおれば、そのままお出かけできます。オフィスでは、エアコンが寒すぎるときに活用できますし、飛行機に乗るときは寒い機内でブランケットに早変わり。無造作に巻くだけでドラマチックな演出ができます。お財布が許せば、ぜひカシミアのストールを選びましょう。

Instant glamour and drama.
(Go for the cashmere here if you can)

item_12

A Great Winter Coat

●上質な冬のコート

おしゃれな冬のコートも必須アイテム。もこもこのダウンジャケットがふさわしいシーンもあるでしょうが、冬のコートはそれだけというのなら、大問題です！

いつもはかなりおしゃれにこだわる人でも、なぜかアウターは手を抜いてしまう傾向がありますが、理解に苦しみます。

高いお金を出してブランド物のドレスや靴をそろえ、あれだけ時間をかけて髪をブローしてメイクもばっちりしているのに、なぜおばあさんのバスローブみたいなアウターですべてを台無しにしてしまうのでしょう。

コートは、まず最初に目につくアイテムです。

だから完璧なものしか着てはいけません。

All that time in Pilates class goes to waste if your coat is adding on an extra ten pounds!

そして完璧へのいちばんの近道は、やはり質のいい定番を選ぶこと。

ダブルのコートや、シングルで丈の長いコートがいいでしょう。

特にロングコートの場合は、体のラインがわかるようにぴったりのサイズを選んでください。

せっかくピラティスに通ったのに、コートのせいで太って見えたら最悪ですからね！

item_13

One Black Pump, One Nude Heel

●黒&ヌードカラーのヒール

もしあなたがセクシーで履きやすく、どんな服にも合わせられる黒のヒールを持たずに生きてきてしまったというなら、これまでいったいどんな靴を履いてきたのか想像するのも恐ろしい……。

黒のハイヒール、またはバックストラップヒールは、毎日履くジーンズや、困ったときのリトル・ブラック・ドレス、顔を明るく見せてくれるカラフルなスカーフと同じくらい、人生に欠かせないものと言っても過言ではありません。

If a nude heel is a
new addition to your closet,
be prepared to become
absolutely addicted.

黒のヒールは、全体を引きしめる仕上げのアイテムです。履くだけで、簡単におしゃれのレベルアップができます。

なんといっても、脚が長く見えるし、存在感と女性らしさが生まれるのです。ちなみにペンシルスカートを履くなら、合わせるのは黒のヒール以外はありえない。私はそう思っています。

ヌードカラーのヒールも同様です。

肌と同じ色なので、さらに脚を長く見せる効果があります。さりげなくセクシーなのでどんな服にも合わせられます。今まで履いたことがなかったという人でもヌードカラーのヒールを一度はいたらもう手放せなくなるでしょう。

item_14

A Variety of Colorful Scarves

●カラフルなスカーフ

私は大きくてカラフルなスカーフが大好きです。使いこなすのは簡単なのに、あまりすごさが認められていないようですね。

スカーフのいいところは、何よりも女性の顔を明るく輝かせてくれること。

似合う色が顔の近くにあるのだから、効果は絶大です（お母さんが持っているような、お上品なプリント柄のものではありません。もちろんそれらにも使い道はありますが……）。

スカーフは、退屈なファッションに動きを加え、面白みを出すことができます。寒い日は防寒具にもなる。安価で手に入るし、それに応用が利く――以上の理由から、私はスカーフを「必須小物」のナンバーワンに推薦します。安いので、衝動買いもできますね。

It's also one of the easiest and cheapest spur-of-the-moment purchases you can make.

item_15

The Ballerina Flat

They should be just as fun,
playful, interesting,
and noticeable.

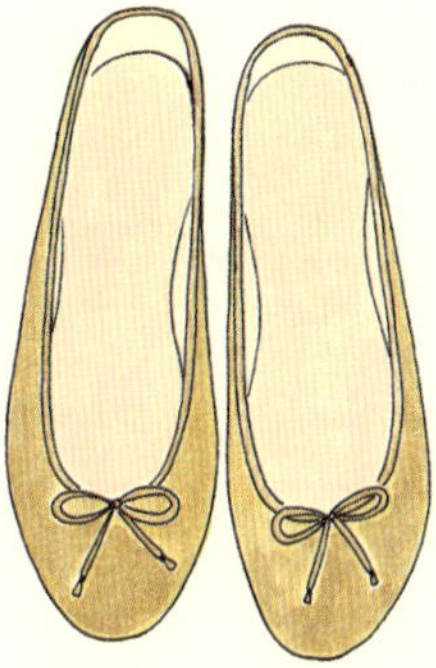

●バレエシューズ

今まで靴に興味がなかったという人は、バレエシューズから始めましょう。色は黒、ヌードカラー、シルバー、ゴールドなど。一度履いてみれば、きれいで履きやすいフラットシューズが次々と欲しくなるはずです——サンダル、ローファー、ドライビングシューズ、モカシンなど。怖がらずに、色や形でどんどん冒険してみましょう。

クローゼット全体にも言えることですが、靴をアップグレードするなら、まず現状を把握する必要があります。茶色は便利な色ですが、靴箱を開けると茶色の海が広がっているなら、もっと他の可能性も試してみましょう！　靴だって、楽しく、遊び心にあふれ、面白くて、そして目立つべきなのです。

item_16

Three Perfect Tees

Updating the T-shirts
in your wardrobe is
one of the most efficient ways
of achieving an upgrade.

●完璧なTシャツを3枚

手持ちのTシャツのレベルを上げるのは、おしゃれ度を上げるもっとも効果的な方法の一つです——

もしかしたら、クローゼット改革の中でもいちばん重要な変化かもしれません。なぜなら、おしゃれで手を抜くのは、たいていカジュアル・ウェアだからです。

　女性が着て美しく見えるTシャツは、やはり高価です。ジェームス・パースなどの、上質な生地を使ったTシャツを着れば、ファッションのレベルが上がるだけでなく、ほっそりして見えます。少しグレードを落としてバナナ・リパブリック、J・クルーなどのTシャツは、基本アイテムとして重宝するでしょう。シルエットの違いと色違いで最低3枚はそろえましょう——クルーネック、ボートネック、Vネックなど。

item_17

The City Slicker Sneaker

●都会的なスニーカー

お願いですから、ジムで履いているぼろぼろのスニーカーを、週末にも履くのはやめてください。カラフルでスタイリッシュで、運動用ではないスニーカーを今すぐ手に入れるべきです。**スニーカーだけは、トレンドを追いかけてOK。**流行はしょっちゅう変わります。最新の流行をチェックして、お気に入りを見つけましょう。

スニーカーは手ごろな価格でたくさん売られていますね。Tシャツのアップグレードと同じように、スニーカーをおしゃれにするだけで、カジュアルな装いが見違えるようにスタイリッシュになります。野暮ったいジーンズ姿がキュートでシックになり、日曜の美術館にお出かけだってできるようになるのです。

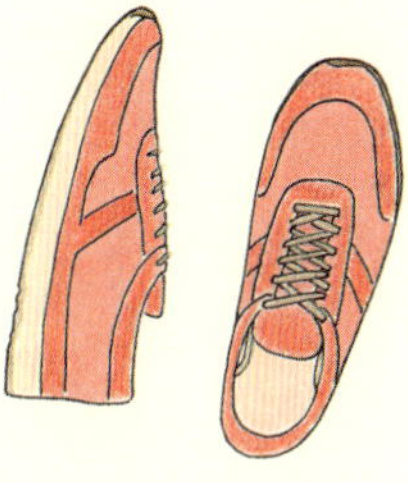

Sneakers are always changing, so check out the scene and find a pair that works for you.

item_18

The Statement Earring, Bracelet and Necklace

●存在感のあるジュエリー

存在感のあるジュエリーは女性にとって秘密の武器と言えるでしょう。

これさえあれば、単色のシンプルなワンピースや、きまじめな雰囲気のスーツ、ジーンズとTシャツといった組み合わせも、またたく間にパワフルで、ゴージャスで、印象深くなります。

ぱっと人目を引くような存在感があるということがポイントです。繊細な細いネックレスやブレスレットは、「存在感のあるジュエリー」とは言えません。

たとえば、重ね付けしたブレスレット、大きなビーズのカラフルなネックレスや何重にもなったパールのネックレ

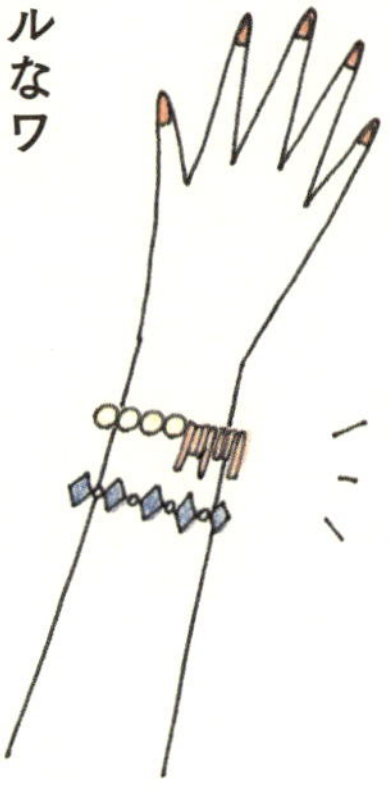

Statement jewelry is the secret sauce that can make something powerful, gorgeous, and memorable out of the simplest of outfits

ス、または遊び心あふれる大きめのカクテルリングや凝ったデザインのピアスなど。
ちなみに、こういった存在感のあるジュエリーをつけるのは特別なイベントがある日だけと考えるのは間違いです。これをつけるだけで、週末の普段着もスタイリッシュに大変身。

Statement jewelry can be the key to turning a weekend outfit from drab to fab.

いちばんいいところは、お手頃な価格で手に入り、集めるのが楽しくなることです。たとえ小物づかいが苦手な方でも無理せず実践できるでしょう。

item_19

A Small to Medium Gold or Silver Hoop

●ゴールドかシルバーのフープピアス

とはいえ、どんな服にも存在感のあるジュエリーを合わせればいいというわけではありません。顔のすぐ横できらりと光るだけで十分な場合もあります。そんなときは、シンプルなゴールドかシルバーのフープピアス（イヤリング）が最適です。スタッドよりも目立ち、それでいて強い主張はなく、あくまでニュートラルです。リトル・ブラック・ドレスのジュエリー版とも言えるでしょう。でもときには、シンプルなフープでもうるさすぎるということもあります。ドレスアップして、ヘアとメイクでドラマチックな演出をしたのなら、ジュエリーは控えめに。細いブレスレットをさりげなくつけてください。

More visible than a stud,
yet still just as neutral in terms
of their style statement.

item_20

A Great Pair of Sunglasses

●最高のサングラス

趣味の悪いアウターと同じで、ダメなサングラスをかけると、せっかくのおしゃれが一瞬にして台無しになります——悲しいことに、そうなってしまっている人をわりとよく見かけます。ドラッグストアで急場しのぎに買ったようなサングラスで妥協してはいけません！

なにも高いものでなくてもかまいません。でも顔の近くにあるものは嫌でも目立つので、お金をかける価値はあります。自分に出せる価格帯を決め、その中でとにかくたくさん試着してください。自分の骨格に合ったデザインを選びましょう。

Do try on a bunch to make sure that you wind up with a pair that suits your bone structure.

item_21

A Neutral Handbag

●ニュートラルなハンドバッグ

オトナの女性のハンドバッグ――使いやすいサイズで、色は落ち着いた黒、グレー、ブラウン――を持っていないなら、リストに加えてください。

バッグは服と違うから気をつかわなくてもいい？　とんでもない、身につけるものはすべてファッション全体のメッセージに影響を与えるのです。服に合わないバッグはちぐはぐなアウターと同じで、全体の印象を台無しにします。だから賢く選ばなけれ

ばなりません。特に毎日同じバッグを使う人は、どんなファッションにも合うように、ニュートラルな色にすることが大切です。

理想を言えば、長く使える上質なバッグに、それなりの金額を投資するべきでしょう。

でも大金を出したくない人は、すっきりしたシルエットを選んでください。実際より高級そうに見えます。私はクラシカルなデザインが好きです――ケリーバッグ、バケツ型、ボウリングバッグ。イブニング用のクラッチは、昼間でも活用できます。

As for the question of whether a bag needs to be costly, it's a biggie.

item_22

Two Quality Bras

●上質なブラジャーを2枚

もしあなたがプロにサイズを測ってもらってブラジャーを選んだことがないのなら、今すぐ専門店に行ってください。

ほとんどの女性が、間違ったサイズのブラをつけています。これはまさに悲劇であり、胸が垂れる、ブラ紐が食い込む、背中の贅肉が盛り上がるといった深刻な症状の原因になっているのです。

サイズのぴったり合った、上質なブラを身につけると、世界が変わったように感じるでしょう。

正しいサイズ＆デザインのブラをつけると、5キロは痩せて見えます。

ボディラインが激変し、服のフィット感もまったく違ってきます。

The right bra, in the right size, can instantly make you lose ten pounds.

ぴったり合う下着がないためにクローゼットの奥深くに長いこと眠っているシャツやワンピースがあったら、それも持って専門家のところへ行けばぴったりのブラやキャミソールを教えてもらえます。

せっかくの機会ですから、他のランジェリーも見直してみましょう。

体にフィットするラップドレスを着るときは、補整下着をつけたほうがもっときれいに見えるのでは？　下着が入った引き出しはきちんと整理されていますか？

覚えておきましょう、最高のおしゃれは内側から。

下着選びで手を抜いてはいけません。

Mix and Match

22の必須アイテムは以上です。これらはあなたらしいワードローブの土台《ベース》となってくれます。リストのアイテムを使っていくつか組み合わせの例を考えてみましょう。

着回し1　ジーンズを着こなす6つの方法

ジーンズは気にしなければただの普段着で終わってしまいますが、少しだけ想像力を働かせれば、ドラマチックな装いに変わります。ジーンズをおしゃれに着こなす6つの方法をご紹介しましょう。

①　高価そうなジャケットと組み合わせます。シャネル風のジャケットかネイビーの上質なブレザーで、インナーはスリムなタンクトップかTシャツ。チェーンとパールのネックレスを多めにつけます。

②　フェミニンなシルクのブラウスを合わせます。大きめのイヤリングをつけ、ヒールを合わせて。

③　トップスにゴージャスなカシミアのセーターを。存在感のあるネックレスも合わせて。

④　イブニングウェアと合わせてドレスアップ。スパンコールかシルクのホルタートップ、大きめのイヤリング、そしてヒール。

⑤　タキシードジャケット、シルクのタンクトップ、デザイン性の高いヒールと合わせてゴージャスに（黒か濃い色のデニムがよく合います）。

⑥　春と夏は、大胆な柄のトップスと素肌が美しく見えるサンダルを合わせます。

着回し2

平凡なオフィス服から脱却する6つの方法

おしゃれな女性でも、職場で毎日着る服となると手こずります。でも必須アイテムをそろえたクローゼットのいいところは、何を着ても失敗しないこと。アクセサリーや靴、トップスで冒険すればいいのです。

おしゃれのレベルアップをめざす人は、まず仕事着から始めてください。職場でどんな自分を演出するかということは、職場での存在感、収入、そして最終的にはキャリアの成功に大きな影響を与えるのです。

①　仕事着に個性を出すもっとも簡単な方法は、明るい色を加えること。色は注目を集め、存在感をアピールできます。どちらも仕事には必要なことです。

②　女性らしく、個性的なスーツを探すこと。スーツは無難でなければいけないなんて決まりはありません。プリーツの入ったペンシルスカートや、胸元が大きく開いて、フリルのついているジャケット。大切なのは細部です。

③
カラフルなインナー、柄物のインナー、存在感のあるジュエリーを使って、スーツを自分らしく着こなしましょう。スーツのかっちりしたラインを和らげるために、シルク、レース、シフォンなど繊細な素材のブラウスやタンクトップと合わせるのもいいですね。

④
辛口でセクシーなヒールを履けば、まじめでお堅い印象から、パワフルで、しかも女らしい印象に早変わりです。

⑤
小物をうまく使いましょう。平凡な仕事着から脱却する方法は、ジュエリーやヒールで自分らしさを出すこと。大金を出さなくても手に入ります。

⑥
カラフルな口紅！　平凡でおとなしいスーツ姿に最高のアクセントを加えてくれます。

着回し3

昼から夜のファッションに変身する6つの方法

「アフター5のファッション」と聞いてうんざりする人もいるでしょう。実際に着替えている人なんていない？　でも、アフター5の予定をないがしろにしてはいけません。パーティでも、女友達とのディナーでも、その場に合った服を着ているということは、夜のイベントを大切にしているという態度の表れです（夜のイベントは、昼間の仕事と同じくらい大切です。もしかしたらもっと大切かも！）。

それに、昼と夜でファッションを変えれば、パーティのような格好で仕事に行くことも、仕事着でパーティに行くこともありません。大荷物にならず、さりげなく昼から夜のファッションに移行できる方法をお教えしましょう。

① メイクを変える——アイメイク・口紅を濃くして、つけまつげをつけましょう。

② 大胆なデザインのジュエリーを一つか二つ足すことで、エッジを効かせてド

ラマチックに変身！

③ フラットシューズから、セクシーなヒールに履き替えましょう。ストラップ、メタリック、ビビッドカラーのヒールなど。

④ オフィス用のバッグから、スパンコールのついたクラッチに持ち替えて。

⑤ 髪の毛をアップにしましょう。ぴったりなでつけた高い位置のポニーテール、またはおくれ毛を出した低い位置のシニヨン。

⑥ 肌を見せましょう。背中の開いたシルクのトップスや、セクシーなドレス。仕事中はジャケットかカーディガンをはおっておきましょう。

着回し4

ワンランク上のレギンスパンツ活用法5つ

レギンスパンツを履いていいのはモデル体型の人だけだと思っているなら、その考えは今すぐ捨ててください。

レギンスパンツのいちばんの問題は、履いている女性ではなく、その履き方です。何も考えず、他に何もないから仕方なく履いている――これでは、やぼったいスウェットパンツと同じ。

レギンスパンツを着こなす鉄則は、地肌が透けて見える部分がないことと、ヒップが隠れる長さのトップスを着ることです。

①大きめのカシミアのニットとすてきなフラットシューズを合わせれば、動きやすくておしゃれな旅行用の服になります。

②チュニック丈のシルクのトップスと、ヒールのある辛口のショートブーツを合わせれば、ドレスアップできます。

③ 丈が長めのブレザー、セクシーなインナー、ステートメント・イヤリング、ストラップのついたヒールを合わせれば、夜のお出かけにぴったり。

④ 大きめのカジュアルなジャケットとコットン・チュニックを合わせれば、ジムやヨガスタジオに行くときのファッションに最適。

⑤ 昼間に着るなら、カシミアのニット、チュニック、ヒールの低いロングブーツ、ブレスレット、ビーズの長いネックレスと合わせましょう。

着回し5

ウエストを細く見せる5つの方法

ウエストを強調するのが大切なことは、何度も言いましたね。ぽっちゃり体型の人には、もう一度言いましょう――ウエストを見せてください。そのほうが必ずスリムに見えます。ふんわりしたシルエットでも、工夫次第でウエストを細く見せることはできるのです。具体的には次の方法です。

①ベルトをする。ブラウス、シャツ、カーディガンなどの上からベルトをします。太くて存在感のあるベルトにはコルセット効果があり、細いベルトはウエストを細く見せながら、繊細なアクセサリーの役割も果たしてくれます。ベルトをするだけで、まとまりのなかったコーディネートが一瞬にして引き締まります。

②トップスの裾を入れる。ボトムスがAラインのスカートのときは、シャツの裾を入れると特にきれいなラインになります。洗練されてほっそりした印象

や、きちんとした印象を与えることができます。

③

ウエストを強調するアイテムを選ぶ。ウエストにギャザーやタックの入ったもの、体のラインが出るトップス、ストレッチ素材のワンピース——すべてウエストを自然に強調してくれるアイテムを選べば簡単です！

④

補正下着の力を借りる。多くの女優が、補正下着を着けないでレッドカーペットを歩くなんて考えられないと言っています。

⑤

色のコントラストを意識して組み合わせる。ダークカラーのスリムなタンクトップの上に、明るい色か薄い色のブレザーやカーディガンをはおりましょう。または、明るい色のインナーの上にダークカラーのジャケットかカーディガンをはおり、上からベルトを締めてみてください。

週末スタイリング――5つの原則

週末だって、見られることを意識しましょう。

着ている本人よりも先に服がメッセージを発信するのは、週末でも同じです。周りの人は、あなたの服装を見て、あなたの人となりを瞬時に判断します。それに、あなた自身のセルフイメージも、週末かどうかに関係なく、服装と密接にリンクしているのですから。

「週末はリラックスしたいのに……」と言う前に、一つわかってもらいたいことがあります。私が提案する週末のファッションは、決してリラックスできないわけではありません。私自身も、プライベートで街を歩いているときは楽な格好をしています。

楽な服装、カジュアルな服装は、みすぼらしい服装とイコールではありません。きちんとした服装と同じくらい魅力的になれるのです。

そうは言っても、多くの人は「おしゃれ」と「リラックス」は両立できないと思っていることでしょう。

そこで、週末スタイリングの原則をいくつかまとめてみました。

1　週末用の服にお金をかける

多くの人は、週末用の服にお金をかけることに罪悪感を持っています。仕事中に着なければ、払ったお金の元が取れないような気がするからです。でもこの考え方は、まったくの間違い。

たとえば高級料理やエンターテインメント、旅行など、他の「週末の贅沢」にお金を使うときは、こんなふうに考えないでしょう？　なぜ自分の肌に直接触れるものなのに、違う基準で判断するのでしょうか？

2　上質なものを特別な日のためにとっておかない

人生は特別な日の連続ではありません。むしろ同じルーティンの繰り返しです。だからせっかくすてきなパンツを持っているなら、特別なお出かけにしか履かないのはもったいない。週末もぜひ活用しましょう。合わせるのはカシミアのニットと、完璧なシルエットのアウター。着ているといい気分になるものを、「特別な日」の牢獄から脱出させてあげましょう。週末に着るにはフォーマルすぎると思うなら、ドレスダウンする方法はたくさんあります。

3　仕事着でブランチに出かける

仕事に着ていく服は、すべてドレスダウンして週末やレジャーでも着られます。クローゼットの中にある高価な服は、とことん着倒しましょう。そもそもそれが「元を取る」ということであり、最高の自分を見せる方法でもあります。反対のテイストのものを組み合わせるというテクニック――ブレザーはジーンズと合わせ、パンツは、ボタンダウンシャツかゆったりした大きめのセーターと合わせましょう。

4　存在感のあるジュエリーと美しいスカーフをとことん活用する

私がスカーフを重視するのには理由があります。ジーンズと白のTシャツといった極限までシンプルな服装でも、顔を明るくしてくれる色のふんわりとしたスカーフを巻けば、あっという間にドラマチックで美しいコーディネートになります。

存在感のあるジュエリーにも同じ効果があります。カジュアルな服装も、ジュエリーで「平凡で退屈」から脱却できるわけです。週末だからといって、アクセサリーを無視しないでください。むしろ週末だからこそ活躍してくれるのです。

5　カジュアルなアウターと靴にお金をかける

サイズがぴったりのデニムジャケット、またはトレンチコートは、仕事着でも私服でも活躍してくれます。週末でもきちんとしたおしゃれをするか、それともご主人のウィンドブレーカーを着てみっともない格好で歩き回るか——その違いはアウターです。いくらセクシーなジーンズを履いていても、ずた袋で隠してしまっては誰にも気づいてもらえません！

それは靴にも同じことが言えます。きれいで歩きやすいフラットシューズやウォーキングシューズを、さまざまな色やデザインでそろえてください。

バレエシューズ、ローファー、ドライビングシューズ、フラットブーツ、ウェッジソールなどです。

Column

1

スリム信仰のウソ

スタイリッシュになれるのはスリムなモデル体型の女性だけだと思い込んでいませんか？　もしそうなら、広告業界にまんまとだまされているのです。

もちろん、背が高くて痩せているほうが、どんな服でも似合うでしょう。だからモデルはみんなこの体型なのです。体の線がまっすぐだと、服の邪魔をしません。たとえるなら、モデルは何も描いていないキャンバスのようなもの。だから、服本来の魅力を最大限に出せるのです。

でも、だからといって、スリムでないと服を魅力的に着こなせないというわけではありません。それに現実の世界では、服ではなく、服を着ているあなたの魅力を最大限に引き出すべきです。

モデル体型でなくてもスタイリッシュな女性はたくさんいます。たとえば、人気歌手のアデル——往年の女優のような髪型、完璧なメイク。または、1950年代のピンナップに描かれた女性たち。もしあなたが、体型を言い訳にしておしゃれを放棄しているなら、

そろそろ目を覚まして新しい現実を知ってください。
おしゃれに体型は関係ありません。どんな体型でも、スタイリッシュに見えるかどうかはあなた次第です。

Chapter 4

「色」のパワーはあなどれない

あなたにぴったり
似合う色を見つけましょう

世界で最高の色とは、
あなたをきれいに見せる色です。

——ココ・シャネル

あなたは今から、まるで地殻変動のような大きな変化を体験するでしょう。

しかも、そのために必要な行動はごくシンプル——ワードローブの色づかいを少しいじるだけです。

「自分の色を知る」とは、自分の肌の色、目の色、髪の色を知ることですが、最近ではどうやら時代遅れの考え方になってしまったようです。

ですが、ファッションの間違いの70パーセントは、色づかいを変えるだけで解決できる——これは大げさな表現ではなく、本当のことなのです。

大原則は「全体の調和」です。

身につけるアイテムは、それぞれバラバラに考えてはいけません。

全体としてとらえ、個々のアイテムが一枚の絵を描いていると考えてください。

その絵には、もちろん髪の色も、目の色も、肌の色も含まれます。

基本となる自分の色を無視していると、一生ちぐはぐな色をまとって暮らすことになります。肌の色がくすんで見えたり、どこかおかしいという印象を与えたりしてしまう。この章では、自分の生まれ持った色を最大限に生かす方法を学んでいきましょう。いきいきと健康に見え、瞳が輝いて見えるような色づかいです。

色の力を絶対にあなどってはいけません。色は見た目だけでなく、あなたの気分や、あなたが他人に与える印象を変える力も持っているのです。

色のパワーであなたはもっと輝ける

私は「色」が大好きです。

朝起きて、なんとなく気分が落ち込んでいるとき、私は普通とは正反対のことをします。気分に合わせて暗い色の服を選び、その中に隠れるようにして一日をすごすのではなく、クローゼットの中でいちばん明るい色、いちばん楽しい色を選びます。

その結果は？　一瞬で気分が上向きになります。朝一番のグリーンスムージーよりもずっとスッキリ！

私のクローゼットにそろっている色たちは、私の見た目をがらっと変えてくれるだけでなく、周りの人たちの気分もウキウキさせてくれます。色のおかげで目立つことができるし、色のおかげで大胆なメッセージを発することもできます。

ファッションの武器の中でも、色は特に強力です。

すべてを語ることができる力を持っているのに、なぜかたいてい見すごされていま す。色を正しく使えば、明るさ、落ち着き、豊かさ、能力、遊び心、ドラマ、官能性を伝えることができるのです。

色は巨大な存在です。色はすべてを変えます。

たとえば自分の部屋だったら、インテリアにこだわりますよね。それなら、なぜ服にも同じぐらい気をつかわないのでしょうか。服は一日中一緒にすごす、第二の皮膚だというのに。

私の色彩哲学は、つまるところ一つの公式に要約することができます——この公式は、服に対する考え方とも呼応しています。それは、「見られる」ということ。

正しい色を身につけていれば、周りの人は、あなたの服ではなく、あなた自身に注目するのです。

意外に思うかもしれませんが、目立つ色を着ていれば必ず注目を集めるというわけではありません。

クライアントの中には、暗い色や、目立たない色ばかり着ていた人もたくさんいます。明確な意図もなくそういった色を着ていると、陰気で憂鬱な雰囲気をかもしだしてしまうでしょう。同じ系統の色でも、クリーム、白、キャメルといった明るい色に変えるだけで、着ている人がぱっと輝くことがあります。色とは本当におもしろいものです。

みなさんにはさまざまな色に挑戦してほしいのです。そのほうが、ファッションが発するメッセージの幅も広がるでしょう。

すべての女性は、自分をきれいに見せてくれる色を知っておくべきです。それも1色ではなく、自然な色から、柔らかくて楽しい色、鮮やかな「ポップカラー」まで、幅広くそろえておきましょう。

あなたに似合うのはどんな色？

色にほんの少し気をつかうだけで、もう変身への第一歩を踏み出しています。そのうちあなたもシャツを顔の近くに並べただけで似合うかどうかが判断できるようになるでしょう。

それがあなたにとってふさわしい色なら、見ればすぐにわかります。なぜならふさわしい色を身につけると、健康的で、生き生きとして見えるから。

逆にまったく似合わない色を身につけると、一気に生気がなくなり、顔色が悪く疲れて見え、ダサい印象になります。たとえば、シャツのサイズは合っているのに、どうも野暮ったく見えるなら、問題はきっと色でしょう。

色はとても複雑な存在でもあります。すべての人に当てはまる、絶対のルールはありません。同じ人でも、真夏には似合ったのに、真冬になると似合わなくなる色というのもあります。

色は変わります。肌の色も一定ではありません。ですから、自分なりの目を養っていってください。もし迷ったら、そのときはあなたの「専属スタイリスト」に相談しましょう。客観的な意見はいつでも役に立ってくれます。

さて、次からはいくつか特徴的な色の使い方についてご説明しましょう。

ポップカラーで定番アイテムの魅力を引き出す

インパクトのある色をワードローブに加えるにしても、なにも全身を蛍光色にする必要はありません。戦略的に配置すれば、少し色を加えるだけでも大きな効果が期待できます。そこで、「ポップカラー」を紹介しましょう。

ニュートラルカラー（白・黒・ベージュ・グレーなど他の色と合わせやすい色）やダークカラーの服に、鮮やかな色をアクセントで加える――これがポップカラーです。ポップカラーは、鮮やかで大胆な色を使いますが、スタイリッシュで、極限まで洗練されています。

スレートグレー（濃い灰色）のブラウスに、フクシャ（鮮やかな赤紫色）のスカーフを巻いてアクセントにしたり、黒一色のドレスに、真っ赤な靴とブレスレットを合わせたりすれば一気に華やかな雰囲気になります。

ぱっと人目を引く色ですが、あなたの存在感を消したりはしません。落ち着いた色合いを背景に、明るい色がぱっと浮き上がる――それがポップカラーの特徴です。

たとえば、小粋な紳士がダークスーツを着ているとしましょう。ネクタイ、ポケットチーフ、靴下などで鮮やかな色を使っている。これは考え抜かれた色づかいであり、さりげなさを演出するおしゃれです。「別に目立とうとは思っていませんが、でも私に目が行くでしょう？」というメッセージです。身なりに気をつかっていること、計算された正しいおしゃれであることを伝えています。

ただターコイズブルーのシャツを着ればいいというものではありません。細部まで計算することが大切なのです。

ポップカラーは、コントラストの効果で人目を引くという手法です。

直接的で大胆な色づかいよりも、控えめで複雑なメッセージを発することができます。

色で冒険する勇気のない人は、まずこのポップカラーから始めてみてください。トップス、靴、アクセサリーに、アクセントとなるような色を加えてみましょう。そして慣れてきたら、パンツやドレス、アウターで冒険してみましょう。

ポップカラーを取り入れることは、お財布に優しいおしゃれ術でもあります。そんなにお金をかけずに、ワードローブの色を増やすことができる。上質の定番アイテムを一からそろえようという人なら、ポップカラーは特に助かるでしょう。クローゼットの中がダークカラーやニュートラルカラーの洪水になっているのなら、シャツ、スカーフ、ベルト、アクセサリー、靴などで大胆な色を使ってみるのがおすすめです。

ポップカラーのアイテムがあれば、お金をかけた定番アイテムの魅力を最大限に引き出すことができます。

同じ定番でも、まったく違う服に見えるでしょう。それに、組み合わせを真剣に考えなくてもいいので、衝動買いにも最適のアイテムです。ダークやニュートラルカラーの服に、ちょっとだけ鮮やかな色を加える。これだけでおしゃれの完成です！

単色《モノクローム》コーディネートでエレガントに

ポップカラーの正反対の考え方が、単色《モノクローム・》のファッションです。すべて同じ系統の色でコーディネートするのですが、色の「明度」は変えてもかまいません。たとえば、カーキをベースにした単色コーディネートなら、他にクリーム色や茶色も使います——つまり、同じ系統の色のグラデーションということです。

別々のアイテムを合わせて完璧な統一感を出すには、この単色コーディネートがベストな方法でしょう。さりげなく、しかもエレガントです。

上質な素材のものを使うといちばん効果を発揮しますが、チープなアイテムを上質に見せる効果もあります。ニュートラルカラーを使うことが多いですが、鮮やかな色を使った大胆なアプローチもいいでしょう。とても人目を引きます。

単色コーディネートに挑戦するなら、ポップカラーの要領で、素材や金属を加えてみるのもおもしろいでしょう。たとえば全身グレーのコーディネートなら、トップスをスパンコールのついたタンクトップにする。またはシルクのタンクトップにすれば、シルクのなめらかな光沢がポップカラーの役目を果たしてくれるでしょう。

ここでの目的は、コーディネートにバリエーションを持たせること——そのために色を増やしてもいいし、質感の違う素材を足してもいい。とにかく「ぼんやりとして目立たない存在にならないこと」が大切です。

「黒《ブラック》」を制する人こそ、究極のおしゃれ

まず知っておかなければならないのは、黒はとてもパワフルな色だということ。もっとも純粋なメッセージを発し、シンプルの神髄である。もっとも彩度が高く、もっとも激しい色。あらゆる邪魔を拒絶し、ただアイテムの本質——そのシルエット、その形、そのドレープ、その素材と、それを着ている人の人格にだけ注意を向けさせる。

黒は隠したいものも容赦なくさらけ出し、着る人の顔、シルエット、そして黒に包まれていない部分の肉体を、まるでスポットライトのように照らし出す。セクシーで、辛口で、ミステリアス。

黒は夜の色。勝負のときに身につける都会の鎧《よろい》。魅惑と気品が求められるときに、私たちが身にまとうエレガントなユニフォーム。

それに、スリムに見せる効果については言うまでもありません。まるで1カ月の減量キャンプに行ってきたかのように、全身をすっきり見せてくれます。

ココ・シャネルのような人たちの影響で、一度はシックの帝王として君臨していましたが、最近の黒は位を落とし、ただのニュートラルカラーの1色になっています。

でも私は、ここに黒の復権と名誉回復を宣言したい。

そこで、まず手始めに、黒の間違った使い方から見ていきましょう。

黒は、どこにでも着ていけるニュートラルカラーではありません。素材や形をぞんざいに組み合わせ、まるでメッセージがない着こなしをしていい色ではないのです。何も考えなくていい無難な色でも、自分を見えない存在にする透明マントでもありません。

それなのに、そういう使い方をしている人があまりにも多いのです。伸びきったヨガパンツの上に、体を隠すようにはおる古びたカーディガン――そんなときに黒を使っている。まるでおしゃれが面倒で、誰にも見られたくない日に、ゴミ袋をかぶるように黒を身につける——。

でも、忘れないでください。隠れることと、生きることは違うのです（それに、効果的でもありません。前にも言ったように、人目を避けようとして着るものを選ぶと、そのみっともなさがかえって悪目立ちしてしまうのです）。それに、隠れるための色として黒を使うのは、黒本来の上質なエレガンスに対する冒涜です。

黒は大きな可能性のある色です。でも、身につける他のすべてのものと同じように、着る者が明確な意図を持っていないと、本来の力を発揮できません。

この本でもっとも訴えたいことの一つは、逃げ道はないということ。「メッセージを発しない」服など存在しません。それは黒という色に関しても同じです。

むしろ黒は、あまりにもシンプルで、あまりにも濃い色であるために、着る者の意識が特に問われることになります。黒を使ったアイテムへの要求も高くなります。

私が思うに、黒は高級品の色です。少なくとも高級そうに見えなければなりません。上質でないアイテムに黒を使うと、みすぼらしく見えてしまうからです。

とはいえ黒は、ポップカラーの下地としても最適でしょう――これは私の大好きな組み合わせです。

黒の服に鮮やかなポップカラーを加えると、エレガントで、モダンで、きちんとした印象になります。

はっとするような鮮やかなコントラストで、着る人の自信が感じられるのです。

ジュエリーとメイクも似合う色を

ジュエリーと聞くと、シンプルなシルバーのウォッチ、ダイヤモンドのイヤリング、そして指輪という古典的な組み合わせを思い浮かべるかもしれません。

ジュエリーにおいても結局、鍵となるのはあなたの肌の色合いです。いろいろと試して、自分にいちばん似合う色を見つけてください。

白のTシャツに、ゴールドとシルバーのアクセサリーを合わせて、鏡に映してチェックしてみましょう。このとき、背景は必ず白にしてください。どちらのほうが、肌の色がより健康的に見えるでしょうか。それが判断基準です。

メイクアップも、それ自体が大事な色づかいです。プロに似合う色を見てもらったことのない人は、一度見てもらいましょう。たくさんの発見があるはずです（せっかくプロにメイクしてもらうのですから、夜のお出かけの予定も入れておきましょう）。

一般的に、アイメイクの目的は次のどちらかです。コントラストで瞳を際立たせるか、それとも同じような色を使って瞳の色を強調するか。

口紅を選ぶコツは、自分の顔色に合った色にすること。

顔に色が多すぎるのはよくありません。

ですから、プロの技にならい、強調するのは瞳か口元かのどちらかにしましょう。

色のバランスをチェックする3つの質問

「色」についてわかってきたところで、今度はこれまで勉強したことをすべて生かして、バランスが取れたコーディネートを完成させましょう。全体として一つのメッセージを発するようにしてください。

最初に確認しておきたいのは、色づかいに絶対的な規則はないということ。

色は光のトリックであり、めまぐるしく変わるイリュージョンです。周りの環境や、そばにある色によって、印象は千差万別。色はいつでも、文脈の中で判断されます。

少し難しい話になってきましたが、とにかくここでは、「色は変化する」ということだけ理解してください。

すべてはどうやって配置するかによって決まります。だからこそ、いつも全体を見渡して、バランスをチェックすることが大切なのです。

そこで、色の全体のバランスをチェックする3つの質問を教えましょう。

1　いちばん伝えたいメッセージは何？

色の専門家が「同時対比」と呼んでいる現象があります。これは、ある色と別の色が隣り合わせにあると、互いに影響し合って、本来の色とは違う色に見える現象のことです。色相環で反対側にある色は補色といい、もっともお互いを際立たせます――たとえば、赤と緑、黒と白などが補色の関係になります。反対に、色相環でとても近くにある色は、より微妙なコントラストを生み出すのです。

色の知識があれば、コントラストを強調することも、よりソフトな印象にすることもできます。実際に試してみて、効果を確認しましょう。

2 どんなアイテムを身につける?

色がどのような印象を与えるかは、どんなアイテムを着ているかによっても決まります。ブラウンのセーターは、黒のレギンスパンツとブラウンの乗馬ブーツと相性がいいかもしれませんが、ブラウンのひらひらしたドレスで、背中が大きく開いているなら、黒の靴と合わせると退屈に見えるかもしれません。この場合、ストラップのついたゴールドのヒールを合わせるとぐっとおしゃれになり、セクシーで遊び心のあふれるメッセージを伝えることができます。

色のメッセージと服のメッセージの間に、きちんと統一感があるかどうかを確認することが大切です。

3　どこで着る?

シルバーのタンクトップに黒のジャケットをはおり、ジーンズを合わせる——ニューヨークの摩天楼が背景ならスタイリッシュに見える組み合わせですが、ロサンゼルスの海岸と明るい太陽を背景にすると、ちょっと辛口すぎるかもしれません。

色は、周りの景色と、その場所の文化とを切り離して考えることはできません。それに、全体の色合いと切り離して考えることもできません。

色の持つメッセージをコントロールする

それでは、色を最大限に活用する方法について学んでいきましょう。

色の場合も、やはり「これは何を伝えているの?」という質問に集約されます。この質問は、身につけるものすべてに対して行ってください。身につけるものの中には色も含まれます——**色は、もっとも強いメッセージを発するものの一つです。**

色には気分や感情を伝えるミステリアスな力があるために、色彩心理学は大きなビジネスになっています。

たとえば企業は、社員がいちばん楽しく仕事ができる色を知るために、わざわざプロにお金を払ったりしています。また政治家は、多くの金と時間を費やして有権者にいちばん好かれる色を見つけようとしているし、有名人はテレビに出る時間を増やしてくれる色を見つけようとしています。

一方で、ファッションの専門家が毎年のように「今年の流行色」を決め、そしてデザイナーたちは専門家を信じて、その色で勝負します。

このように、世の中にはさまざまな情報があふれていて、トレンドもすぐに変わります。混乱してしまうのも無理もないですが、実際はそこまで複雑な話ではありません。一般的な意味での色、たとえば暖色と寒色、明るい色と暗い色というふうに色をとらえていれば、特に心配はいりません。

色づかいの簡単なガイドラインをご紹介しましょう。これを守っていれば、伝えたいメッセージに合った色を選べるようになります。

1　親しみやすい雰囲気を出したいのなら、明るいニュートラルカラー

暖かくて話しかけやすい雰囲気を出したいのなら、白、クリーム色、キャメルなどの明るいニュートラルカラーを着ます。これらは強いメッセージ性がなく、周りを安心させる色です。または、暗いトーンの中に、明るいニュートラルカラーを入れてもいいでしょう。

この雰囲気を出すのに最適のシチュエーションは、たとえば、自分が上の立場で、他の参加者にリラックスしてもらいたいミーティングや、自分の家にお客様を招待するとき、または最初のデートのときなどです。

2　元気なイメージを与えたいときは、ビタミンカラー

楽しくて元気いっぱいという雰囲気を出したいときは、暖かくて明るい色を着ます。たとえば、コーラル、グリーン、ピーチ（桃色）、レモンイエローなど。人はたいてい、ポジティブで幸せそうな人に惹きつけられます。だから元気で楽しそうに見せるのは、戦略的に正しいだけでなく、本人と周りの人の気分も盛り上がるのです。

付き合い始めたばかりの人とのデートでないなら（その場合は、セクシーな魅力をアピールするか、ニュートラルなメッセージにしましょう）、または絶対に勝たなければならないミーティングでないなら、このビタミンカラーによる、明るく元気な雰囲気で失敗することはまずありません。

3　セクシーでミステリアスに見せたいときは、赤と黒

ドラマチックでセクシーに見せたい？　そんなときは、ダークカラー、赤、鮮やかなジュエルカラー、またはメタリックな質感か、光沢のあるニュートラルカラーがおすすめです。

黒はいつでもミステリアスで、セクシーで、スリムに見せてくれます。スパンコールとシルクは光を反射するので人目を引きます。美しく輝くあなたから、恋人も目が離せなくなるでしょう。

どんな色に囲まれていますか?

あなたは普段、無意識のうちにどんな色を選んでいるでしょうか? これはとても簡単な作業です。

引き出しの中をすべてひっくり返す必要もなければ、ハンガーから服を外す必要さえありません。

ただクローゼットの中をざっと見てください。

ぱっと目に飛び込んでくる色は何でしょう?

思いついたらすぐに書けるように、ファッションノートを手元に用意して、186ページからの質問について考えてください。

色は複雑な存在です。生まれつき色のセンスに恵まれている人もいれば、そうでない人もいる。もしあなたが後者でも、安心してください。色づかいに関しては便利なツールがたくさんあります。

流行の色を使ってみたいけれど方法がわからないという人は、最新のファッション誌を読んでみるといいでしょう。

新しく買ったアイテムの色がうまく使えないという人は、あなたの専属スタイリストに聞いてみましょう。自分に本当に似合うかどうか、客観的に判断してくれますよ。

My Fashion Note

Q.1　クローゼットの中でいちばん目立つ色は？

ベージュ、黒、ブラウンばかり？　それとも、まるで統一感がない？　どの色が多いかわかったら、「なぜこの色を選ぶのか」について考えてください。色づかいに苦手意識があるから？　ただの習慣？　目立ちたくないから？

Q.2　それらの色を見ているとどんな気分になりますか？

「最高の気分」以外の答えなら、対策が必要です。クローゼットの中の色を見てワクワクしますか？　喜びを感じますか？　答えは「イエス」でなければなりません！

Q.3　クローゼットの中にある色のうち、似合うとほめられたことが多いのは？

その色を知っておくことは大切です。「その色は似合うの」と言いながら、その色のアイテムをほとんど持っていないという人が大勢います。しっかりしてください！　とてもよく似合うなら、その色のアイテムを集めて、とことん着てください。周りの人も、「あの人はグリーンばかり着ているな」とは思いませんよ。ただ「いつもきれいな人だな」と思うだけです！

Q.4　あなたは毎日どんな色に囲まれていますか？

いつも着ている色を正直に答えてください。大胆な色が好きなはずなのに、なぜか着ないでクローゼットの肥やしにしてしまう人は大勢います。あなたは、クローゼットの中にある色を実際に着ていますか？　それとも、ただ持っているだけ？　なぜ着ないのでしょう？　今はそんな気分ではない？　いいえ、カラフルな気分になるのを待っていてはいけません――色が気分を変えてくれるのです。気分を変えれば、1日が、人生が変わります。

Q.5　普段は手が出せないけれど、特別な日に着る、鮮やかな色はありますか？

もしあるなら、何色ですか？　どうすれば普段から着るようになると思いますか？　勇気がないだけ？　その色に合わせるニュートラルカラーが見つからないから？　もっといろんな色で冒険できるようなニュートラルカラーが見つかったら（ヌードカラーのヒールやネイビーのジャケットかもしれません）、ノートに書き込みましょう。見つからなくても、この本を読み終わるころには必要なものがはっきりとわかります。

Chapter 5

着ない服だらけじゃ意味がない

あなたの「人生クローゼット」を大改造

家の中にあっていいのは、
あなたにとって役に立つものか、
あなたが美しいと思うものだけです。

――ウィリアム・モリス

さて、ようやくクローゼットのお話です。

あなたのクローゼットを頭の中に思い浮かべてください。

さあ、どんな気分になりますか？　ワクワクする？　可能性と遊び心を感じる？　自信に満ちあふれる？

しかし現実は、ブラックホールを見てしまったような感覚に近いのではないでしょうか。できればクローゼットのことは考えたくもない？　でも、もう逃げられません。この章では、クローゼットについて真剣に考えてもらいます。

クローゼットの奥深くにまで分け入って、徹底的に整理しましょう。やる価値は十分にあります。あなたのクローゼットは生まれ変わるでしょう。美しく、整理整頓されていて、ガラクタは一切ない――ガラクタとは、まったく使い物にならず、ただ存在が重荷になっているだけのアイテムのことです。


クローゼットの整理は、ある意味で一つの人生経験であり、とても大切な勉強です。あの洞窟の奥深くに隠れているものは、あなたのワードローブの現状について多くを物語っています。そして、現状を改善する方法も教えてくれるでしょう。

クローゼットは、外界との接触が始まる場所でもあります。

自分のイメージを変えるには、ひいては人生で実現できることを増やすには、まず自分の内側から始めなければなりません。

そのために、自分のクローゼットと正面から向き合ってください。目をそらさず、そこにあるものをすべて直視して、そしていらないものを取り除きましょう。

クローゼットの毒素をクレンジング

「ジュースクレンズ」という言葉を聞いたことがある人も多いでしょう。低温圧搾の野菜ジュースだけを飲む一種の断食法で、体の毒素をきれいに出すことができると言われています。実際に体験した人は、本当に気持ちがいい、すっきりすると大絶賛です。

そこで、今度はあなたの番。全力でクローゼットの毒素を出し切りましょう。それが終われば、あなたもすっかりこの「クローゼットクレンズ」のファンになり、世界に向けて宣伝したくなるはずです。

クローゼットの大掃除は、とてもパワフルで、しかも心が落ち着く体験です。いらない服を処分すると、毎日ゴミの山を見なければならないという重荷から解放されます。そして、すでに持っているものと、買わなければならないものが、きちんと把握できるようになります。

クローゼットの中には、本当に気に入ったものしか入っていない——そんな世界が想像できますか？　その世界は、あなたのすぐそばまで来ています。

でもその前に、あのみっともないパンツや、15年も前に買ったのに今でもオフィスのパーティで毎年着ているダサいドレスを処分しなければなりません。

なにも今あるものを全部捨てろと言っているわけではありません。現在のワードローブの中にも、宝物はあるはずです。その宝物を見つけて、きちんと磨き、輝かせるのも目的の一つです。

整理を進めながら、足りないもののリストを作っていきましょう。あのお気に入りのパンツは、ふんわりしたシルクのブラウスと合うでしょうか？　ショート丈のカーディガンは？　あの伸びきった黒のTシャツは？　もし合わないのなら、そのアイテムとは「さよなら」です。

残念ながら、私があなたのそばにいて、直接アドバイスをしたり、話を聞いたりすることはできませんが、あなたの専属スタイリストに手伝ってもらってもいいでしょう。客観的な視点があるおかげで、あなただけなら3日はかかるところを、3時間もあればすべて終わりにできるはず。それに、一人でやるよりもずっと楽しい作業になるでしょう。

クローゼットが語るストーリーに耳を傾ける

あなたのクローゼットは、あなたについてどんなことを告げているでしょう？　あなたの人生のどんな物語を語っているでしょうか？　それは、あなたが望む物語ですか？　あなたの人柄、あなたの人生の目標、あなたの理想を正しく語っている物語ですか？

昔の服をいつまでも持っていると、すでに終わった人生のステージに執着することになってしまいます。

だからこそ、定期的にクローゼットの大掃除をすることが大切なのです。

昔の服を捨てられない人はたくさんいます。カラフルでチープなドレスや、フリーマーケットで見つけた個性的な服は、20代のバイト学生なら似合うかもしれませんが、30代の働く女性にはふさわしくありません。

または、一目惚れして買ってしまったけれど、派手すぎて着られず、値札がついたままになっている服。ちなみに、最近の失敗であるほど、捨てるのは難しくなります。でも、自分らしくなく、望んでいるイメージにも合わない服なら、思い切って手放さなければなりません。

クローゼットは、あなただけのプライベートな世界から人目のある公の世界に切り替わる大切な場所です。クローゼットの状態を見れば、あなたが服について感じていることだけでなく、外の世界からどう見られているかということまではっきりとわかります。

あなたはクローゼットに何を隠していますか？　まるで安物の古着屋のように見えますか？　ずっと前から直して着ようと思っている服が、山になってホコリをかぶっている？　ひびの入ったベルト、毛玉だらけのセーター、縫い目がほつれてボタンの取れたジャケット、それに10年前に買って一度も履いていないスカート……。

そんな状態からは、いったいどんなことが読み取れるでしょう？　それはあなたの毎日にどんな影響を与えているでしょう？

もちろん、そんなガラクタの山の中に宝石が眠っていることもあります。

でも、毎朝ガラクタをかき分けて宝石を発掘するなんて、面倒でうんざりするし、それに時間のムダです。

クローゼットの大掃除なんかしたら、着る服がなくなってしまう――もしかしたら、そんな心配をしているのかもしれませんね。でも、大丈夫です。たいていの人が、今の時点でも、本当に似合う服をちゃんと持っています。

スタイリストとして、数えきれないほどのクライアントのクローゼットを見てきた私が断言します。

クローゼットの中身の70パーセントは、まったく使われていません！

まさかと思いますか？

それでは、実際にあなたのクローゼットで検証してみましょう。

クローゼットに入れていいのはパーフェクト・アイテムだけ

ここで、私の大好きな原則をもう一度――クローゼットの中には、100点満点のパーフェクトなアイテムしか入れてはいけません。

身につけるものは、靴でも、部屋着でも、普段着のパンツでも、ジーンズでも、Tシャツでも、かっちりしたシャツとジャケットでも、ドレスでも、とにかくすべてが完璧なアイテムでなければならない。

つまり、色も、サイズも、デザインも正しくて、現在のライフステージに見合ったメッセージを発しているということです。絶対に妥協してはいけませんよ。

では、どうやってパーフェクトかどうか判断すればいいのでしょうか。

それは、着てみればわかります。とにかくわかるのです。

それを身につけたときに最高の気分になり、鏡の前でくるくる回りたくなるなら、それは100点満点です。

着ているとほめられるなら、あなたにとって、色もサイズもデザインもすべてぴったりなら、それも100点満点です。

パーフェクト・アイテムは、特別な日に着るようなおしゃれ着や、仕事の勝負服だけではありません。カシミアのニットでもいいし、スキニージーンズでも、ショートブーツでもかまいません。ジーンズとタンクトップに、自分らしい色のフード付きのパーカーをはおっても、すべてが完璧ならOKです。

パーフェクトなアイテムを着ると、最高の気分になるだけでなく、自分が価値ある存在になったように感じることもできます。

それなのになぜそれ以下で満足するのですか？　人は、自分と同じものを引き寄せます。ならば「パーフェクト」を引き寄せましょう。

タートルネックとボディコンワンピの秘密

ここで、アナという女性の話をしましょう。

彼女は40代の栄養士ですが、クローゼットだけを見ると、まるで古着屋を開業しようとしているかのように見えます。それも、ビンテージばかり集めたおしゃれなショップではなく、重量で値段を決めているような店です。

アナは長身でスタイル抜群、それに個性もあります。なのにおしゃれに関しては悲惨な状況で、彼女を愛する夫でさえも、何とかしてくれと懇願するレベルです。

クローゼットを見てみると、生地、素材、色、形がまったく統一感なくあふれています。しかもアナ本人のライフスタイル、体型、髪や肌の色、個性に、まったく合っていません。

数えきれないほどのタートルネック、それにカラフルな超ミニのボディコンワンピース。そう、アナのクローゼットは、ジーンズとローファーに合わせるようなだぼっとしたコットンのタートルネック、ピンヒールに合わせるボディコンワンピと、まったくテイストの違うものがごちゃ混ぜに詰め込まれているのです。

もう少し奥まで発掘していくと、今度は肩パッドの入ったセーターが出てきました。80年代からずっと持っていたものです。たしかに、しばらく前から80年代ファッションがブームにはなっていますが、数学が得意でない人たちのために、はっきり言わせていただきましょう。彼女はそのセーターを、30年も持っていたのです。30年も！

私が知っているあらゆる女性と同じように、アナもいろいろな顔を持っています。ある部分では、思慮深く、まじめな大人です。そして、クラブに繰り出して注目の的となるような顔も持っています――もう一度言いましょう。タートルネックと超ミニのボディコンワンピですよ！

実は、これはクライアントの多くが抱えている問題でもあります。みな、普段着は「ベーシック」でいいと考えている。ここで言う「ベーシック」とは、これといった特徴のない服という意味です。「毎日着る」という機能さえ満たしていれば問題なし。

私が何を言いたいのかわかりますか？

セクシーでおしゃれな服は、女友達との夜遊びのときだけ着るものではありません！

第一に、それではあなたの普段の日がかわいそうです。

第二に、普段セクシーさを抑えつけている分、セクシーになるときにやりすぎてしまうのです。タートルネックからボディコンワンピなんて、あまりにも飛躍しすぎていて自然な感じがまったくありません。本当の自分は、エスキモーとポールダンサーの間のどこかに存在するのです。極端にならずに、多様な自分の顔を表現する方法を見つけましょう。あくまで自然に変身するのです。

ファッションToDoリストを作る

では、ファッションノートを手元に用意してください。クローゼットの整理では、いろいろメモを取ることになるからです。あなたの「ファッションToDoリスト」はここから始まります。必要なアイテムを書き込み、必要なお直しの内容を書いてください。

次の第6章では、このリストを第3章の必須アイテムリストと合体させます。

手順1 ワードローブを「春夏」「秋冬」に分ける

ファッションノートとペンを用意したら、いざクローゼットに突入です。どこから始めましょうか？　考えすぎてはいけません。最終的には、ワードローブの全アイテムをふるいにかけることになります――ジーンズからTシャツ、ドレス、コート、靴、それにベルト、バッグ、アクセサリーも身につけるすべてのものを、一つひとつじっくり検証することになるのです。

だから、どこから手をつけてもかまいません。左から右に見ていってもいいし、右から左でもいい。自分なりの方法を見つけてください。服をシーズンごとに分けている人は、とりあえず今のシーズンだけ整理することもできます。残りのシーズンは次の機会に行いましょう。

個人的には、シーズンごとの分類方法がおすすめです。

せっかくＴｏＤｏリストを作っても、先のシーズンのアイテムだったら、リストをそのまま放置して、そのうちにやる気もなくなってしまうかもしれません。

ワードローブをシーズンごとに分けていない人は、この機会に分けてしまいましょう。とんでもない間違いを正す絶好のチャンスです。

朝に目に入る季節はずれの服の数が少ないほど、スタイリッシュで季節に合ったコーディネートができる確率が高くなります。

「シーズンごとに分ける」という単純な作業にも、あなたを変える大きな力があります。自分という人間がどんな問題を抱えていて、何が足りなくて、何を持ちすぎているのかということが、はっきりとわかるようになります。冬物のセーターを16枚も持っているのに、夏物のタンクトップは3枚しか持っていない――そういった隠れた事実も発見できるのです。

そこでクローゼットに突入する前に、ワードローブを二つに分けましょう。春夏のセクションと、秋冬のセクションです（どちらでも使えるようなアイテムについては、どちらに入れるか真剣に悩むことはありません。現在のシーズンの山に入れておきましょう）。

このプロセスでは、「いる、いらない」の判断が不要なので、そんなに時間もかからず、苦労もせずに終わるはずです。

クローゼットの中身が二つに分かれたら、現在のシーズンから片づけていきます。そのとき、やたらと時間をかけずに、集中的に行って一回のセッションで終わりにしてしまうことをおすすめします。

とはいえ、何週間もかけたという人も実際にはいます。短期間でワンシーズンのアイテムすべてを見て、一つひとつ取捨選択していくなんてとてもできないと思う人は、このゆっくり行うアプローチがいいでしょう。心の整理をしながら進めることができます。

最初は捨てられなかったものも、何日かかけて「捨てる」の山を増やしていくにつれて、そのうち捨てる決心がつくかもしれない。大好きだけど、もう5年も着ていないドレスがあるなら、最初は捨てられなくても、5回目になればさよならする準備もできるでしょう。

どんな方法を選ぶにしても、本来の目的を忘れずに、ポジティブな態度を保ってください。クローゼットの大掃除は、自分を責めることとは違います。

たしかに自分の失敗と向き合うことになりますが、目的は、買い物やスタイリングで自分に点数をつけることではありません。あくまで、自分にふさわしいワードローブを手に入れることです。最終的に自信が持てるクローゼットになれば、それでいいのです。

だから、「なんでこんなものを買ってしまったのだろう」と自分を責めるのではなく、**「この服を着ると最高の気分になれるかしら」と考えるようにしてください。**

もし最高の気分になれないなら、着てはいけません！　もっと似合う人にあげるか、または処分しましょう。

手順2　「いる」「いらない」「保留」に分ける

いるものといらないものは、どうやって決めるのか。そんなに難しい問題ではありません。でも、簡単な近道はないのも事実です。最終的には、クローゼットの中身をすべて取り出して、一つ残らず検証することになる——つまり、実際に身につけてみるということです。最初のうちはこの「試着」の回数が多いかもしれません。でもそのうちに慣れてきて、決めるスピードも速くなるでしょう。

整理の方法は、「いる」「いらない」「保留」の3つの山に分けます。ここでの判断基準は7つあります。

次に、それぞれの基準について説明しましょう。

1　サイズが合う？

サイズが合わないなら処分するか、またはお直しをしてください。昔は着られたというアイテムも同じです。「痩せたら着る」服を持つのは間違いだと思います。**今の体型を愛するべきであり、その体型に似合う服を着るべきです。**

現在の体型で最高のおしゃれを楽しむには、それしかありません。それに、「痩せたら着る」服がクローゼットの中にあるのは、かえって逆効果です。今は着られないのだから実用的ではないですし、心理的にも負担になります。

人はサイズの合った服を着たときがいちばんきれいに見えます。だからといって、だぼっとしたセーターを着てはいけないという意味ではありません。全体のバランスが大切だということ。かっこよくだぼっとしているなら、レギンスパンツかスキニージーンズと合わせてフラットシューズを履くと、おしゃれな週末の服装になるでしょう。

2　似合う?

とはいえ、ただサイズが合うというだけでは不十分です。あなたの体か顔に対して、最低でも一つはよい効果を与えてくれる服でないと、持っている意味はありません――この点については、いくら強調しても足りないぐらいです。

まず正しい色でなければなりません。顔色がいきいきと健康そうに輝いて見える色。次に確認するのはデザインやシルエットです。細いウエストと魅力的な曲線が強調されていますか? ヨガで鍛えた肩のラインがよく見えますか? ただボタンが留められればいいというものではありません。似合っているかどうか自分に尋ね、その答えで判断してください。

3　状態はいい?

着古してくたくたになっていませんか? 色あせてぼろぼろになっていませんか?

虫食いはありませんか？　どれか当てはまるものがあるなら、もうさよならするときです。古すぎる服をいつまでも着ている女性はたくさんいます。なぜそんなことをするかというと、同じくらい自分にぴったりの服にもう二度と出会えないのではないかと、心のどこかで恐れているからです。

今の時代、どんな体型、肌の色、服の好み、年齢であっても、これだと思える服はたくさん売られています。もう役目を終えた服は、身なりに気をつかっていないというこ と、人に見られたいと思っていないというメッセージを発してしまいます。

4　時代に合っている？

今年の流行と去年の流行の違いのことを言っているのではありません。なにも最新ファッションで全身を固める必要はないのです。

そうではなく、現在のライフスタイルに合った服かどうかということです。どんなスタイルが好みでも、自分の周りの世界にきちんと気を配り、昔の自分にとらわれていない女性になってもらいたいのです。「でも私は保守的だから」と、あなたは思っているかもしれない。しかし、保守的でありながらも、流行を取り入れることは可能

です。定番のスタイルであっても、最新流行のアクセサリーやトップス、靴、または
ポップカラーを取り入れることで、全体を新しい雰囲気にすることができます。

5 最近着た？

特別な日のための服は別ですが、今の季節の服なのに、1カ月以上着ていない服があれば（または、一度も着ていない）、その理由をきちんと考えてみてください。答えは必ず見つかるはずです。似合わないから？　状態が悪いから？　それともデザインが古いから？　もしそうなら、「いらない」の山に直行です。または、きちんとした服だけど、着こなし方がわからない？　その場合は、その服が生かせるアイテムを考えて、ファッションノートに書き込みましょう。

6 着るといい気分になる？

その服を着たときに、自分の姿勢に注意してください。縮こまって、服の中に隠れようとする？　それとも、自然と胸を張った姿勢になる？　自分のボディランゲージに注意しましょう――それはときに、意識よりも雄弁に物語ります。

いつも着ている服を判定する場合、ただローテーションに入っているという理由だけで「いる」に分類するのは間違いです。もっと深く探りましょう。それを着たとき、どんな気分になりますか？　それを着ているとほめられますか？　目的は100点満点のアイテムしか入っていないパーフェクト・クローゼットを作ることです。お忘れなく。

7　これは何を伝えている？

クローゼットにあるすべてのアイテムについて、この質問に答えられなければなりません。アイテムのメッセージがわかれば、人生のあらゆる場面で生かすことができます。メッセージのわからないアイテムがあったら、それを着る場所と、その場所で着る理由を考えてみましょう。

それでもわからなければ、服ではなくコスチューム（衣装）だと考えてみてください。このコスチュームを着るのはどんな人でしょう？　その役柄を演じるのは、あなたにとって自然なことですか？

こんなにじっくりと考えるのは大変だと思うかもしれません。でも実際にやってみると、短い時間ですぐに判断できます。一つのアイテムにつき、かかってもせいぜい数分でしょう。それでわからなければ、「保留」の山に分類すればいいのです。問題があるアイテムがあったら、その理由を考えてください。

これは学ぶチャンスです。

大好きだけど、着ると太って見えるような気がするワンピースがあるとします。そのワンピースのどこが問題なの？　こうやって自分に尋ねるだけで、答えがすぐに見つかることもよくあります。もしかしたら、ストラップが離れすぎているせいで、肩がないように見えるのかもしれない。

逆に、とてもよく似合う服についても、なぜ似合うのか考えてみましょう。そうやって考えていくと、似合う服を見つける自分なりの基準が確立できます。

手順3　服を分類し、「保留」の山について考える

処分することに抵抗があるなら、クローゼットの大掃除の最中にどんな気分だったか思い出してください。私のクライアントたちは、ダメなジーンズたちを一心不乱に「いらない」の山に積み上げながら、「最高の気分！」と叫ぶことがよくあります。

今のシーズンのワードローブを一つ残らず分類したら、今度は「保留」の山をやっつける番です。

「保留」の山のアイテムを、また一つずつ見ていって、「いる」「いらない」に分類します。もしすべて分類するのはムリだったら、せめて少しは山を小さくしておきましょう。残りは後でやればいいのです。

もし本気で悩むアイテムがあったら、実際に着てから判断しましょう。

そのアイテムを身につけて最大限におしゃれをしたら、どんな気分になるでしょうか？　自信にあふれ、周りからもほめられる？

ときに、玄関から10歩外に出るだけで、そのアイテムが大間違いだとわかることもあります。または、今まで敬遠していたアイテムでも、実際に着てみたら本当に似合うことがすぐわかったりもします。

自分の気分に敏感になってください。周りの人の反応にも敏感になってください。あるアイテムが自分に似合うかどうか、あなたは本当はすでに知っているのです。ただ内なる声に耳を傾けるだけでいいのです。

愛着があるものはどう扱ったらいいでしょうか。

昔からずっと持っているものについては、「今日そのアイテムをお店で見たらどうするか」と考えてみてください。その花柄のドレスを、まだ買おうと思いますか？ もし買わないなら、今着るべきでもありません。

ライフステージごとに似合う服は変わります

独身時代に買った安物のボディコンドレスや、生まれて初めての就職の面接のときに買った不格好なスーツについても同じです。フォーエバー21で買った、ほとんど着なかった服の山？ 店の名前がすべてを物語っていますね。

その過ぎ去った数十年の遺物たちは、学生時代のぎょっとするような置き土産に比べればまだ普通かもしれない。実際に、あるクライアントは、ストレッチ素材で、目にも鮮やかな紫色のパンタロンをずっと持っていました——彼女は「旅行用」だと言い張っていましたけど。

それはともかく、**もしここ10年か15年、または20年は服の趣味が変わっていないというのなら、ライフステージの見直しを行ったほうがいいでしょう。**

年月とともに、本当にたくさんのことが変化します。環境が変わり、仕事が変わり、ライフスタイルが変わり、体型が変わり、そして経済状況が変わる。それなのに、変化する現実に合わせてワードローブを変える人は本当に少ない。

私たちは人生のある時点で、自分にとって心地いい公式を見つけます。おしゃれやショッピングは面倒だと感じる人はたくさんいます。それに人は手持ちの服に過剰な愛着を持つものなので病めるときも健やかなるときも、その公式と人生をともにしようとするのです。

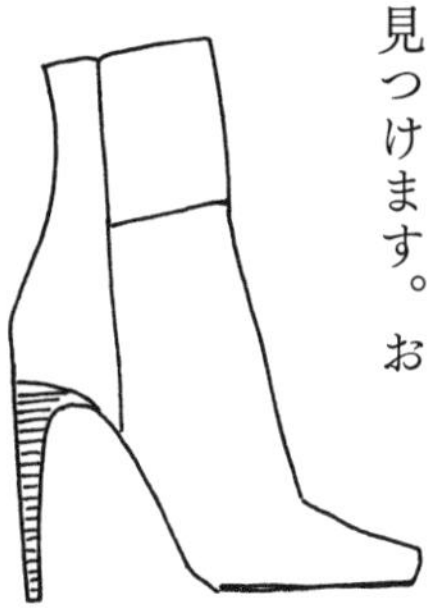

あるいは、人は変化に対して複雑な思いを持っているので、ファッションもその影響を受けているのかもしれません。

年を取るのは恐ろしいことです。その恐ろしさをどうするかというと、ただ目をそらして向き合わないようにする。そして私たちは、肉体の変化を見ないようにして、昔と同じ服を着ようとする。

そのスタイルが今の自分に似合うかどうかは考えません。私生活や仕事で大きな変化を経験し、アイデンティティーも変わったかもしれないのに、それを受け入れず、新しい自分にふさわしくないスタイルに執着しているのです。

言い換えると、3回も昇進したのに、最初の地位のときの服をまだ着ているのなら、めざす仕事にふさわしい服装をしていないということです。

そして人生全体で見れば、10年前、20年前、30年前のライフステージと同じファッションをしているなら、理想の人生にふさわしい服装をしていないということです。

年を取ることに関しては、道は一つしかありません。

自分の外見の変化を受け入れるしかないのです。前にも言ったように、誰にも見られずに生きるのは不可能です。自分の外見を冷静に批評できる目を持っていれば、周りに悪い印象を与えることもないでしょう。

自信ほど、黙っていても周りに伝わるものはありません。自信を持って年齢に合った服を着ている人は、現在のライフステージを優雅に受け入れ、周りからとても魅力的な人だと思われているでしょう。

年を取るのは、悪いことの積み重ねではありません——むしろ、20代の女性には許されていないような、新しいチャンスに恵まれるのです。

20代ならおしゃれに決まるボヘミアンスタイルも、年を取ってからではみすぼらしく見えるでしょう。でも、20代ではムリをしていると思われそうなエレガントな服装も、今のあなたなら自然に着こなすことができるのです。

Column

2

さよならを言う

「いらない」の山が巨大になってもどうか驚かないでください。どんな人でもクローゼットの大掃除をするたびに、同じ結果になりますから。

それでは、この山をどうしましょうか。

まずは、４つの山に分類します。

１つ目は、状態のいい普段着の山。友達がもらってくれるかもしれません。

２つ目は状態のいい仕事着とドレスの山。

３つ目は、着るには十分な状態のベーシックとアウターの山。

そして４つ目は、状態が悪くて着られないアイテムの山。

最後の山はすぐに捨ててしまいましょう。

あなたの汗がしみこんだボロやすり切れた服なんて、誰も欲しい人なんていませんから。

1つ目の山については、心当たりの友達に電話をして、家まで取りに来てもらいましょう。これも「今すぐ」です。

2つ目と3つ目の山を処分するには、地元のチャリティー団体に寄付するのがいいでしょう。

ここでいちばん大切なルールがあります。

何があろうと、またクローゼットに戻さないこと!

できるだけ早く家の外に出してください。心が軽くなります。

さあ、バイバイ!

クローゼットの整理テクニック

　ここまでは、主にクローゼットの中身について見てきました——何を入れるべきか、何は絶対に入れてはいけないか、といったことです。

　でも、クローゼットの管理も中身と同じくらい、あなたという人間を物語ります。自分の外見や、自分の持ち物についてどう思っているかは、クローゼットの管理法を見れば一目瞭然。管理が特にずさんな箇所は、あなたにとってのブラックホールです。あえて目を背けている人生の側面が、そこに現れているのです。あなたのクローゼットは、どんな状態でしょうか？

　機能的なクローゼットは、空っぽである必要はありません。でも、使いやすい道具箱のような状態にしておくことは必要です。すべてがあるべき場所にあり、使うときにすぐに取り出せるような状態に。

　私が好きな整理法は、まずカテゴリー別に分類し、次に色で分類するという方法です。すべてのドレスを同じ系統の色でまとめ、薄い色から濃い色までグラデーションになるように吊します。パンツ、ブラウス、たたんだセーターとTシャツも、基本的に同じ方法で整理します。

色と感情は密接に結びついているので、色別に分類しておくと、その日の気分にぴったり合った色をぱっと選ぶことができます。

元気いっぱいのときも、少し落ち込んでいるので気分を盛り上げたいときも、すぐに明るいオレンジ色のTシャツを見つけることができる（ちなみに、落ち込んだ気分を服で盛り上げるのは、本当におすすめの方法です）。

また、色とカテゴリーで分類されたクローゼットは、見た目もすっきりしてきれいです。これは、実用的な意味でも、心理的な意味でも大切なこと。混沌《カオス》は衝動的で、考えなしの行動につながります——それに、着たいものを探すのも大変です！

昔の散らかった状態にリバウンドしないようにするには、どうすればいいのでしょうか。よく「一つ買ったら、一つ捨てる」と言われていますが、私は賛成できません。でも、これは確実に言えるでしょう——見た目が古くなってきた服をいつまでも持っていると、いずれ「古びた服を着ている人」になってしまいます！

そこで、年に二回、衣替えのときに、シーズンが終わった服の総点検を行いましょ

う。

汗染みがついていたら、さっそくクリーニングです。

穴のチェックも忘れずに。

直せるものは直しましょう。

全体的にくたびれていないかもチェックが必要です。

色はあせていない？

毛玉は出ていない？

普段着ならある程度くたびれていてもかまいませんが、自分の中にいる「ため込み魔」の存在には注意が必要です。

「週末なら着られるから取っておこうよ」という声が聞こえてきたら、取っておいた結果どうなるか、よく考えてみましょう。あなたが周りに伝えたいメッセージは、本当に「古びた服を着ている人」でしょうか？

クローゼットを見ればあなたがわかる

本当に厳選されたもの、100点満点のものしかないクローゼットに向けて、あなたは勇気を出して一歩を踏み出しました。

そこで、今まで学んだことをふり返ってみましょう。この本の目的はつまるところ、見る目を養うことです。

あなたは、自分のクローゼットの中に何を見ましたか？

クローゼットは何を物語っていますか？

次の注意点を参考に、自分の心の奥底を探ってみましょう。

・依存症に注意

どんなクローゼットでも、なぜかある特定のアイテムが大量に保管されていて、別のアイテムがまったく足りなかったりします。前に登場したアナのタートルネックを覚えていますか？　なぜ女性は、こんなにもタートルネックが好きなのでしょう。私にはまったく理解できません。だって、タートルネックのメッセージは何ですか？　タートルネックは、自分が隠れたいときに着る服です。そしてあなたには、その正反対のことをしてもらいたいのです。

さて、あなたのクローゼットに大量に存在するアイテムは何でしょうか？　カーディガン？　ワンピース？　ニット？　それとも似合わない色の服？　サイズが合わない服？　自分がなぜか集めてしまうアイテムを把握し、なぜそのアイテムに惹かれるのかを考えてみてください。

・カムフラージュに注意

あなたはなぜ、ある特定のアイテムに依存するのでしょうか。ミニスカートばかり集めるのは、長い脚が自慢だから？　それならOKです、自分の宝物を強調しているのだから（とはいえ、ファッションのTPOについては考える必要があるかもしれません）。

または、マニッシュで、サイズの大きいボタンダウンのシャツばかり集めているのは、おなか周りを隠したいから？　気持はとてもよくわかりますが、これは正しくありません。

154ページのウエストを細く見せる着こなしを確認したら、私の後に続いてこう言ってください――「体にぴったり合ったジャケット、体にぴったり合ったジャケッ

ト、体にぴったり合ったジャケット」。さあ、もう催眠術にかかりましたね？

・質をチェックする

あなたのクローゼットに入っているのは安物ばかりですか？　くり返しますが、お手頃価格の服は私も大好きです。

でもどんなワードローブでも、ある程度は上質なアイテムを含んでいなければなりません。特に第3章でリストにした定番はそろえてください。あなたはなぜ、服にお金をかけたくないのでしょうか。買い物で失敗するのが嫌だから？　この本を読んでいるのですから大丈夫！　または、そこまでお金をかける価値があるのかわからないから？　そんな人は、第1章を読み直してください。

外見が人生に与える影響を、絶対に過小評価してはいけません。服装には、いちばん大切な目標、夢、願望を、実現させる力があるのです。

それがわかっていれば、もうワードローブをぞんざいに扱うことなんてできないはずです。

・ギャップの意味を読み取る

雨はしょっちゅう降るのにおしゃれなレインコートもトレンチコートも買ったことがない？　週末のお出かけ用のちゃんとした服を持ったことがない？　そうやって何か足りないところがあるのは、単にうっかりしていたとか、忙しかったという問題ではありません。

自分に尋ねてみましょう——「基本的なワードローブを持たずに生きてきたのは、私の中にどんな思い込みがあるからだろう？」。

この問題を考えるには、クローゼットを他のもっと客観的に見られるものに置き換えるとわかりやすいでしょう。

たとえば、キッチンです。

3年前からずっとまな板がないキッチンなんて考えられますか？

ところが服となると、自分のアイデンティティーと密接に関わっているために、単純な問題を普通に解決するという発想にはなかなかなれないのです（そもそも仕事に着ていく服がないという人は、黒かグレーのシンプルなペンシルスカート、ダークカラーの上質なパンツという、ごく基本的なアイテムを持っていないだけのことです）。なかったら買えばいいだけなのに、なぜか絶対に克服できない心理的な問題のように思い込んでいる。

「私はオフィスでおしゃれをするようなタイプじゃないから」というわけです。

でもキッチンなら、同じことを言いますか？

「私はまな板を持っているようなタイプじゃないから」とか、「よく切れる包丁は私には似合わない」なんて言ったりするでしょうか？　あまりにもバカバカしい言い訳ではないですか？


クローゼットの分析は、一種の情報収集だと考えてください。

あなたはなぜ、最高の自分を見せることをためらっているのでしょうか？　何があなたを止めているのでしょう？

その答えは、クローゼットが教えてくれます。あなたはただ、耳を澄ませばいいだけです。

自分らしいスタイルへのロードマップ

では、ファッションノートを用意してください。
この章と、そしてこの本全体を読んで、自分についてわかったことを記録します。
そしてその知識をもとに、自分らしいスタイルへのロードマップを作りましょう。

My Fashion Note

Q.1 おしゃれの最重要事項を3つ決める

最重要事項を３つ決めましょう。あなたの最重要事項は、年齢にふさわしい仕事着を見つけることかもしれないし、ワードローブに遊び心やセクシーさを取り入れることかもしれない。買い物で悩んだり何を着たらいいかわからなくなったりしたら、思い出してください。そして自分に尋ねます――「このアイテムは、私を理想に近づけてくれる？　それとも遠ざける？」

Q.2 おしゃれの最重要課題を3つ決める

具体的に３つあげてみてください。たとえば「ウエストのサイズがぴったりの仕事用のパンツを見つける」、または「着心地がよくて、スタイルをきれいに見せてくれる普段着を探す」といった課題です。紙に書くと、目を背けずにきちんと向き合うことができます。課題を解決してくれる服を見つけたら、迷わず買うことができます。

Chapter 6

似合うものがわかれば楽しい

ショッピングは
生まれ変わるきっかけ

外見がきちんとしていると、
内面により興味を持ってもらえる。

——カール・ラガーフェルド

ついに待ちに待った瞬間がやってきました。この本で学んだすべての知識で武装して、いよいよショッピングに出かけるのです。

前の章は重労働でしたが、今度は楽しみましょう。

スタイリストとしての経験で学んだことがあるとすれば、それはたいていの女性はショッピングが大好きということです。

何を買うか悩み、買ってから後悔することもたしかにありますが、それでもショッピングをしている間はすっかりファンタジーのとりこでしょう——生まれ変われるような服がきっと見つかるはず。あのゴージャスなシルクのドレス、すてきなジーンズ……。

そして、現実とはかけ離れたファンタジーから生まれたのが、例の世にも奇妙なクローゼットなのです。でも、今のあなたにはスタイルの基礎知識が備わっているし、ちゃんとしたおしゃれをしようという強い意志もある。スタイルの暗号を読み取って、首尾一貫した力強いメッセージを送り出すことができます。

それでは、ショッピングに出かけましょう。

ファッションノートを読み直す

これは単なるショッピングではなくミッションです。あなたはこれから、最高に目的意識のはっきりした、最高に満足度の高いショッピングに出かけることになります。でもそのためには、まず自分のファッションＴｏＤｏリストをきちんと整理しておかなければなりません。

クローゼットの大掃除の最中にファッションノートにメモしたことを見直します。そこに、第３章で作った定番アイテムのリストを加えてください。終わったら、今度はリストの項目に優先順位をつけます。２２７ページで決めた最重要事項３つを思い出してください。

ワードローブの中で、いちばん足りないアイテムは何でしょう？　会社に着ていくボトムスですか？

それともサイズの合ったブラジャー？

この先に特別なイベントは控えているでしょうか？

ショッピングでは、まずはそういったところから重点的にそろえておきます。

でも、最優先のアイテムだけにこだわることはありません。まったくの偶然から最高のアイテムと出会うということもよくあります。偶然の出会いに対して、つねにオープンでいましょう。

リストには、思いついたものをどんどん加えていきましょう。「ベージュのワンピースに合わせる幅の広い黒のベルト」や、「透けないタイツを色違いでいくつかそろえる」といったことです。

「マイ・テーマ」を決める

このショッピングの目的や、ショッピングにかける決意を、簡潔な「マイ・テーマ」を決めましょう。

あなたはここまで読んで、きちんと自分を見つめ直してきましたね。そこで、質問です。

あなたの夢は何ですか？

そもそもなぜこの本を読もうと思ったのですか？

マイ・テーマは、そういった最初の気持を思い出させてくれる言葉にして、ファッションノートに書き出してください。

あなたの夢、希望、望み。それらを実現してくれる服を、今から買いに行くのです。

あなたはどんな女性になりたいですか？　その夢を実現するには、どんなワードローブが必要ですか？　あなたにとって理想のスタイルを、簡潔でキャッチーなマイ・テーマにまとめましょう。

例をいくつかあげます。


「私はキャリアでずっと自分を安売りしてきた。でもそんなことはもう終わり。**仕事で次のレベルへ引き上げてくれるワードローブ**を手に入れる」

「もう隠れたりしない。これからは**世界に『私を見て』と伝える服**を着る」

「ありのままの自分の体型を好きになる。これからは**ぴったり合ったサイズの服**を着る。もう自分の体型に罪悪感を持たない」

「自分の**年齢にふさわしくて、しかもワクワクするような服**を探す」
「**女性らしくて柔らかな雰囲気の服**を選ぶ」

さあ、あなた自身のマイ・テーマを考えてください。

基準になるのは、自分が今いる場所と、これから行きたい場所です。迷ったときにステートメントを見直せば、自分の大きな目標を思い出し、このアイテムはその目標に近づけてくれるのか、それとも目標から遠ざけるのかがわかるでしょう。

「買ってはいけないもの」リストを作る

ここまで読んで学んだことと自分のクローゼットの中身と照らし合わせて、今度は「買ってはいけないもの」のリストを作りましょう。

これはあなたの弱点のリストです。なぜかいくつも買ってしまうアイテムや、誰にも見られたくないときに着るアイテム――新しいあなたは、もう絶対にこれらを持っていてはいけません。

今まではきっと、見えない力に突き動かされて、自分でもよくわからないうちに買ってしまっていたのでしょう。その力に抵抗するには、「買ってはいけない！」と強く意識することが必要です。

そのために、具体的なルールを決めましょう。たとえば、「タートルネック禁止」、「カーキ色禁止」、「白の長袖Tシャツ禁止」などです。

どのアイテムを禁止にするかは、自分の弱点から判断してください。そしてあなたの専属スタイリストに監視してもらい、昔の癖が出そうになったらすかさず注意してもらいましょう。いずれこの腐れ縁も、遠い過去の記憶になりますから。

新しい服やデザインに挑戦してみる

普段の自分ならしないような冒険をしてみることも大切。たとえば、今まで特に生かしてこなかった「宝物」を強調してくれるアイテムや、今までのスタイルの殻を破っ

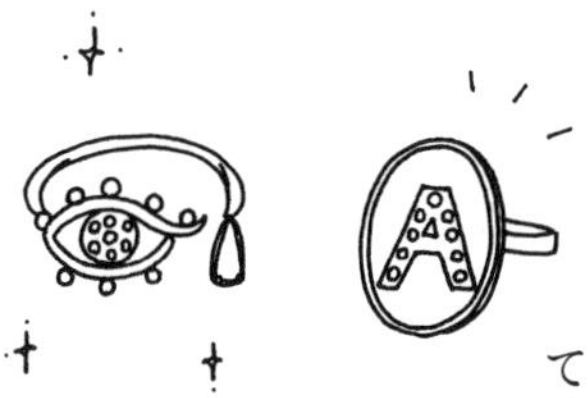

てくれるようなアイテムです。着慣れている服よりも、タイトだったり、セクシーだったりするかもしれないし、自己主張が強いかもしれない。今まで着たことのない色かもしれないし、今までとまったく違うスタイルかもしれないし、違うサイズかもしれない。または、そのすべてかもしれない。

あなたはなぜ、それらのアイテムを着ないのでしょう？　何が怖いのでしょう？　もうそんな不安や疑問は蹴っ飛ばして、新しい自分、もっと自信のある自分に生まれ変わりましょう。

たとえば、こんな誓いを立ててみるのです——「太ももが半分くらい出るミニスカートを買い、今から2週間以内に着る」。

初めてそのスカートを履くときは、たしかに違和感があるかもしれません。でも、とにかく履いてみましょう。サイズがぴったりで、似合っていて、正しい色で、年齢にもふさわしく、正しいメッセージを伝えているなら、思いきって玄関の外に出てみてください。きっと今までにないくらいたくさんほめられるでしょう。それに、最初の違和感もすぐに消えてしまいますよ。

上質なものにあえてお金を使う

ミッション遂行の前に、だいたいの予算を確認しておきます。具体的な金額は、個人の事情や必要なアイテムによって変わってくるでしょう。**でも、おしゃれをするのにお金はそんなにかかりません。ただ、自分がいちばんきれいに見える色とスタイルを知っていればいいだけです。**それに、今のあなたはたくさんの知識を身につけているので、どんな価格帯のお店に行っても、自分にいちばん似合うものを見つけることができます。

とにかく安ければ安いほどいいというわけではありません。**ときには上質なものにあえてお金を使うのも、長い目で見れば節約になります。**値段を着られる期間の長さで割れば、バーゲン品よりもよっぽどコストパフォーマンスはいいでしょう。たとえば、一流ブランドのバッグを持てば、H&Mのドレスも高級品に見えるかもしれない。自分にとてもよく似合うジーンズなら、たとえ150ドルもしても買う価値はある。それを履いたあなたは、きっと見違えるでしょう(もちろん、GAPやオールドネイビーのジーンズでも、本当に似合うならぜひ買いましょう。そして浮いたお金はシルクのブラウスに回します)。

仕事ができるパワフルなイメージにしたいのなら、それなりにお金をかけましょう。セオリーやカルバン・クラインのスーツはたしかに値が張りますが、それであこがれの仕事が手に入り、収入も増えるのなら、投資する価値は十分にあります。ときには、お金を儲けるために、お金を使わなければならないこともあるのです。

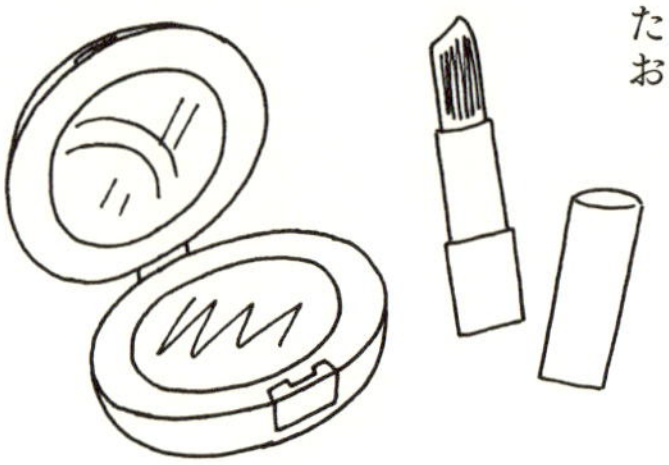

まずはどの分野にいちばんお金をかけるか決めてください。服なのか、それとも小物、靴、または化粧品なのか。たとえば、マスカラはメイベリンでもかまわないけれど、口紅は高級なものを買う、というように。

とても気に入った服があるけれど高すぎる、という場合はどうすればいいのでしょうか。値札を見ただけで卒倒しそうになり、買ったら、この先3カ月はケチケチの生活になる——そんなときは、買ってはいけません。

この本の目的は、生活全般で意識を高めることでもあります。だからお金の使い方だって、きちんと考えなければなりません。

買い物はまずはデパートで

第一回の買い物ツアーでは、行く店を2つ選びましょう。

そしてそのうち1つは必ずデパートにしてください。デパートはとても便利な場所です。一回の買い物でたくさんのブランドを比較できるし、靴から化粧品、小物、ランジェリーまで、あらゆるものをそろえることができます。

それにデパートは、ファッションの実験室としても使えます。どのブランドが好みか、どのブランドが自分の体型に合っているか、比較検討することができます。特にスーツやジーンズはフィットしているかどうかで印象がまったく変わるので、よく比較して選んでください。

まずは、予算の範囲内で、最高の顧客サービスを提供してくれるデパートを選びましょう。そしてもし可能なら、混んでいない時期を選んで行くことをおすすめします。

次に、探しているアイテムに合わせてもう1つ、お店を選びます。お手頃価格だけど見た目がおしゃれな仕事着、上質な定番、個性的な服や小物を置いているお店、または靴の品ぞろえがいいお店など。どんな街にも趣味のいい小さなショップがあるものです。そういった店で、何年もお世話になるような掘り出し物が見つかることもあるでしょう。

私自身も、小さなショップへ行くのが好きです。とても安くて面白いものがたくさん置いてありますから。でも、こういう店はショッピングツアーの最後に行くことをおすすめします。最初に行ってしまうと、安さに浮かれて予算のほとんどを使ってしまうかもしれません。

あなたがまったく気後れせずに安心できる行きつけのお店には要注意です。値段も手頃で、自分に合ったサイズの服があり、必ずそこそこのものが手に入る。でも、ここまで私のアドバイスを守っているなら、安全で、面白みがなくて、セクシーでもおしゃれでもない服、つまりそういう店から買った服を、大量に処分したでしょう。

私のクライアントに、あるアウトドアショップを行きつけにしている人がいました。彼女のクローゼットはほぼそのブランドの服で埋め尽くされ、まるで広告塔のようです。アウトドアショップでそんなものが売っているとは知らなかったのですが、パンツにスーツ、それにあらゆる形の野暮ったいジーンズなど。彼女によると、家の近くにそのブランドの旗艦店があるので、とにかく便利だということです。

たしかに便利ですが、「何も考えていないショッピング」と言えるでしょう。

安全で、せいぜい60点か70点のアイテムばかりが手に入るショッピング。クローゼットはそんな無難なアイテムばかりです。これではいけません。たまに行くぐらいならかまいませんが、今回のショッピングでは、真っ先にその店に行くのは禁止です。今回買うと決めたアイテムをすべてそろえてからその店に行くと、もうその店のアイテムが欲しいとは思わなくなっているはずです。

お店のスタッフを味方につける

商品知識の豊富なスタッフと親しくなると、いろいろなアドバイスがもらえます。小さなショップと違い、大きなデパートや大型店では、ただ品物を選んでレジに持っていってしまいがちですが、それでもスタッフに質問してみる価値はあります。こちらがアドバイスを求めれば、喜んで助けになってくれるでしょう。

スタッフはただ買わせることしか考えていないと決めつけてはいけません。たしかに買ってもらいたいと思っていますが、それと同じくらい、お客さんに喜んでもらいたい、また来てもらいたいと思っているのです。いらないものまで売りつけたら、結局は返品されてしまうでしょう。それは彼女らの望みではありません。

話しかけやすそうなスタッフを見つけ、自分が探しているものを具体的に伝えてください。サイズの合う服を見つけるのに、いつもどんなことで苦労しているか説明し、欲しい色を伝える――そうすれば、彼らはすぐに正しい場所に案内してくれるでしょう。そしてあなたの体型に合ったアイテムやブランドを紹介し、ぴったりのサイズを出してきてくれるはずです。

大きなデパートへ行くときは、ただ目的もなくぶらぶらしていてはいけません。積極的に質問しましょう——ジーンズはどこか、ランジェリー売り場はどこか。ただ見て回るだけならぶらぶらするのも楽しいですが、今回の買い物は目的のはっきりしたミッションです。時間をムダにしてはいけません。

スタッフの助けを期待できないようなときは、あなたの専属スタイリストを最大限に活用してください。ランチをおごってあげる代わりに働いてもらいましょう。そして、最終的な決断に参加してもらってください。彼女の提案や意見は素直に聞きましょう——客観的な視点はとても貴重なツールですから。

失敗しない服選びの7つのコツ

正しいアイテムを選ぶのは、技術でもあり、科学でもあります。もちろん間違うこともあるでしょう。だからこそ、実際に買う前に試着するのです。でも次の7つのポイントを押さえていれば、試着室での成功率を最大まで上げることができます。

1　コーディネートで考える

ただパンツだけ持って試着室へ行くのはやめましょう。それに合わせるトップスを1着か2着、それにジャケットも持っていきます（ついでにヒールとフラットシューズも持っていって合わせてみましょう）。自分によく似合うお気に入りのブランドがあるなら、思いきってすべてそのブランドでコーディネートしてみましょう。デザインのテイストが同じで、同じ布地を使っていて、同じ染料を使っているのだから、合わないわけがありません。全体の統一感を簡単につくり出すことができます。

2　素材にこだわる

ベーシックな定番アイテムでも、ドレスアップ用のアイテムでも、素材が上質であればそれだけで「普通」から「最高」に格上げされます。いつも着ているアイテムでも、ただ素材を変えるだけでおしゃれのアップグレードができるでしょう。たとえばボタンダウンシャツだったら、事務員の制服か美しいキャリアウーマンか、という違いです。**同じ定番アイテムでも、何の印象にも残らない服もあれば、トレードマークになるような印象的な服もある――その違いは素材です。**

だから、どこまでも柔らかいシルク、つややかなカシミア、ふんわりしたウール、高級なリネンを選びましょう。見るだけでなく、さわって確認してください。

3　色で選ぶ

第4章であなたの顔色をいきいきと健康的に見せてくれる色がわかりましたね？　それさえわかっていれば絶対に似合わない色のワナにはまらず、最短距離で目的地にたどりつけるでしょう。似合う色という条件で探し、そして気に入ったデザインがあったら棚から出します。他の候補もいくつか持って、試着室へ行きましょう。

4　とにかく試着する

ハンガーにかかった状態で、自分に合うかどうか決めるのは至難の業です。だから、実際に試着するまでは判断を保留にしましょう。あんなに野暮ったく見えたのに、着てみたらすごくいいかもしれないし、その逆の場合もあります。たとえばドレープは、ハンガーにかかった状態できれいに見えることはめったにありません。でもあなたが着れば、きれいに見えるかもしれない。ただの好奇心で着てみるのもありです。似合う色だけれど、よく言えば個性的、悪く言えば変なデザインだったら、着てみるまでは似合うかどうかわからないでしょう。とにかく試着です。

5　自分の体型を忘れない

アイテムを目の前に持ち上げて、必ず全体のシルエットを確認しましょう。試着してみるまで本当に体型に合うかはわかりませんが、見るだけでわかることも時にはあります（ウエストはあるか、どこが細くなっているか、など）。

6　「面白みがある」という基準で選ぶ

身につけるものは、すべて何かしらの面白みがなければなりません。特に、定番（ペンシルスカート、スーツなど）以外のアイテムなら、他とは違う個性が欲しいところです。アイテムの個性は、ちょっとしたデザインかもしれないし、素材かもしれないし、大胆な柄かもしれない――さりげない特徴も十分に個性になります。

7　量で勝負する

私とクライアントがショッピングをすると、試着の後片付けがかなり大仕事になります。でもお店のスタッフはまったく気にしません。だって、それなりのものを買っていますから。ショッピングのときは、目的をはっきり決めたうえで、たくさんのアイテムを試してください。ショッピングのときは、目的をはっきり決めたうえで、たくさんのアイテムを試してください。最高の1着に出会うには、たくさんのカエルにキスしなければならないということです——でも、たくさんのカエルにキスすればするほど、たくさんの王子様に出会えるでしょう。

成功率がぐんとアップ！試着室の賢い使い方

試着室の中に入ったら、鏡の前で起こることがすべてです。じっくり時間をかけて、それを着たときの気分と、自分の姿勢の変化をじっくりと観察してください。

そのブレザーを着ると、自然と背筋が伸びて、堂々とした雰囲気になりますか？それとも自信がなさそうに縮こまりますか？そのアイテムは何を伝えている？それを着るとどんな気分になる？

いちばんの目的は、新しいスタンダードを確立し、新しい自分になることです。今のあなたは、もう100点満点《パーフェクト》しか認めない。判定はとことん厳しくしましょう。自分の直感を信じてください。次の7つのポイントを押さえて試着室を使いましょう。

1　複数のコーディネートを考える

そのアイテムを着回す方法を2つか3つ考えましょう。あのチュニックなら、ベルトをしてジーンズとフラットシューズを合わせる、またはレギンスかスリムなパンツにヒールを履く、タイツとブーツを合わせれば冬でも着られるかもしれない——ここまでコーディネートが思い浮かべば、「買い」のアイテムです。あのTシャツは、裾を入れてAラインのスカートに合わせて、靴はエスパドリーユ？　裾を出してジーンズにも合わせられる？　ジャケットの下に着る？　こんなふうにして考えます。

2　高価な服は、投資する価値があるかよく考える

そのパンツに合うアイテムは他にある？　高価なアイテムを買うときは、それに合

わせるアイテムを店員に尋ねてみましょう。もし高いお店だったら、紹介してもらってもそれを買う必要はありません。アイデアを拝借して、もっと安いお店で同じようなものを探すこともできます。

3　モデルのように歩いて見てもらう

少しでも見込みのある服は、着たまま試着室から出てあなたの専属スタイリストに判定してもらいましょう。何度も言いますが、客観的な視点はとても貴重なツールです。そもそも一人ですべてを決めるのは、精神的に大きな負担になるでしょう。責任を他の人と分け合えば、かなり肩の荷が軽くなります。

4　手持ちのワードローブとの相性を考える

そのアイテムに合わせられそうなものが、手持ちのワードローブからすぐにいくつか思い浮かびますか？　前から欲しいと思っていたものを買い足せば、コーディネートできますか？　どちらも当てはまらない場合は買わないほうがいいでしょう。どうやって着たらいいかまったくわからないものは、いつか着こなし方がわかれば着ると思っていても、結局わからないまま終わります——きっと何年もクローゼットに入れっぱなしになるでしょう。

5　同じアイテムを複数持つのはほどほどに

前にも言ったように、ネイビーのカーディガンといった定番や、何にでも合わせられる黒のフラットシューズの場合は、同じもの（または、ほぼ同じもの）を複数持つのは基本中の基本です。

とはいえ、同じものばかりいくつも買えばいいというわけではありません。お店で見覚えのある黒のチュニックがどうしても欲しくなったら、冷静になり、「同じようなものがもうあるじゃない」と自分に言い聞かせましょう。

6　完璧にフィットするかを確認する

ショッピングに出かける前に、フィット感とサイズについてもう一度確認しましょう。**買うものは、すべて試着して完璧にフィットすることを確認してください。**

でも、どうしても欲しいアイテムが見つかったけれど、サイズがぴったりではない場合は、お直しでどうにかなるか考えてみましょう。

裾が長すぎるか、ウエストがゆるすぎるパンツ、またはだいたいちょうどいいサイズだけど、胸のあたりがぴったりフィットしないジャケットは、たいていお直しで解決します。

7 パーフェクトなら迷わず買う

試着して鏡の前に立ったときに、一目で100点満点だとわかるアイテム――鏡に映った自分の姿に釘付けになるようなアイテムなら、たとえ買い物リストにないアイテムでも、つべこべ言わずに買いましょう。それは「買いなさい」という宇宙からのメッセージです。

それが赤にシルバーのアクセントがついた大胆なワンピースで、着ていく場所がすぐには思いつかないような場合でも、そのメッセージを無視してはいけません！

8　冷静になる

お店に行くと、ものがありすぎて途方に暮れてしまいます。そこでたいていの女性はパニックを起こし、わけのわからないものを買ってしまって後悔するのです。

ショッピングの大敵は、パニックを起こすことと、自信をなくすこと。

ショッピングで大失敗するのは、たいてい早く終わりにしたい一心で買ってしまったときです。

大切なのは、とりあえず落ち着くこと。冷静になりましょう。服があなたを選別するのではありません。服の良し悪しを決めるのはあなたです。あなたの好みも、あなたのサイズも、あなたしかわからないのですから。

試着して似合わなかったとしても、絶望しないでください。オーダーメイドでないかぎり人間のサイズや形は本当に千差万別なので、大量生産された服は、合う人と合わない人がいて当然でしょう。

サイズが合わないなら、ただ「買わない」の山に積み上げて次へ行きましょう。どの服もまったくサイズが合わないようなら、その店はあなたのための店ではありません。反対にどの服も夢のようにぴったりなら、恥ずかしがらずにその店でたくさん買いましょう。そして常連になってください！

ショッピングのときは、楽な服装で、水分補給を忘れずに。そしておなかが空いているときに行かないこと。健康的な朝食をとってから行きましょう。

このショッピングは、絶対に負けられない戦いです。最高の準備をして臨んでください。たしかに疲れます。たくさん歩くことになるでしょう。決めることもたくさんある。試着室の中で、スクワットを何セットもしなければならない――。

だから深呼吸して、目標を忘れないようにしてください。意気込みと心の準備によって、ショッピングの結果も変わってくるのです。

トレンドよりも似合う色&シルエットで勝負

私のクライアントの女性の大半は、トレンドを追いかけるタイプではありません。むしろトレンドを恐れ、理解不能だと思っている。もしあなたも同じなら、自分をほめてあげてください。あなたは正しい。ジョージ・ブレシア・スタイルのお墨付きをさしあげます。トレンドはすぐに変わりますから。

最新流行のファッションを知っているより、自分がいちばんきれいに見えるファッションを知っている――自分の色を知っていて、自分のシルエットを知っていて、伝えたいメッセージを知っているほうがずっと大切です。

トレンドを無視すると、古くさい感じになってしまわないかって？　まったくそんなことはありません。近ごろではどのお店も流行のアイテムばかり置いているので、流行をまったく無視することはむしろ不可能でしょう。

それに、あなたには今風の格好をしてもらいたい――ただし、クラシカルな定番から出発して、その上でトレンドを取り入れてもらいたいのです。もちろん、自分の体型や年齢にきちんと合ったトレンドを選んでください。

無理にトレンドに合わせる必要はありません。たとえば、もし脚がそれほど自慢できる「宝物」ではないという人は、たとえミニスカートが大流行していても、その流行に乗る必要はないのです。

ネットやバーゲンでムダ買いしないためのポイント

もうおわかりかとは思いますが、ネット通販はそれほどおすすめできません。たしかに便利でしょう。それにネット通販を利用する人がたくさんいることも、サイズが合わなければ返品できることも知っています。

でも多くの人は、ネット通販で失敗しても、返品が面倒なのでそのまま持っている。そうやってクローゼットの中に使えない服が増えていくのです。

とはいえ、ネット通販が向いているものも中にはあります。小物、化粧品、ジュエリー、靴（そのブランドを愛用していて、合わなければきちんと返品する場合に限る）など。それに、必須定番のアイテムが古くなったので買い換える場合も、ネット通販が便利でしょう。よく買うブランドで、自分に合うサイズが完璧にわかっているなら、例外としてパンツをネットで買うのも認めます。

バーゲンはまた別の問題です。

昔のあなただったら、バーゲン会場なんて地雷原と同じで、とても無傷では帰れなかったかもしれません（返品不可で、しかも結局は着ない服もついてきます）。でも、バーゲンに利用されるのはもう卒業しましょう。この本を読んだ人なら、もうバーゲンを恐れる必要はありません。自分に必要なものがはっきりわかっているからです。これからは、強い意志と自信を持ってバーゲンに参戦し、成功率を上げていきましょう。

バーゲン会場に突入する前に、まずは自分のクローゼットの中身をチェックして、必要なものを確認します。ちなみにセールの時期は、クローゼットの入れ替えにちょうどいい時期でもあります。

大切なのは、冷静さを保つこと。

いくら安くなっているからといって、いらないものを買ってはいけません！

たった15ドルのアイテムでも、クローゼットのスペースは取るのです。限られたスペースを割いてまで本当に必要なのか、いつでも自分に尋ねるようにしてください。もしかしたら、その15ドルは、セールになっていないけれど前から欲しかった、あの革ジャケットのお金に回すべきなのかもしれません。

訳あり品にも注意が必要です。安くなっているのは、製造過程でちょっとした傷などがついたからかもしれません。もし本当に気にならない程度の傷だったら、問題ありません。でも家に帰ってからよく見てみると、スカートの柄が継ぎ目のところでまったく合っていなかったりするかもしれない。それが気になって履けないということもあるでしょう。

また、バーゲンのときは、まるで統一感のないアイテムをたくさん買ってしまいがちです。たしかにせっかく安くなっているのだから、普段はしないような新しいスタイルに挑戦してみるのはいいと思います。でも、本当に着るかどうか、きちんと考えてから買いましょう。

数字のマジックにも注意が必要です。「347ドルもお得!」なんて書いてあると、実際に347ドルも儲かったような気になってしまいますが、よく考えてください。そのアイテムに250ドル支払ったのなら、いくら347ドル引きだったとしても、あなたのお金は確実に250ドル少なくなったのです。

だから、値引率や値引きの額よりも、トータルで払う額のほうに注目してください。そして、決めた予算をきちんと守るようにしましょう。

服の値段なんて、あってないようなもの。

どんなにすごい値引きでも、お店やブランドはまだかなり利益が出ているのです。原価に近い値段で買えるなんて、くれぐれも思わないでください。

あなただけのルックブックを作りましょう

さあ、休んでいる暇はありません。

戦利品を家に持ち帰ったら、ここからが本番です。ただクローゼットに押し込んでおけば、あなたの人生に魔法をかけてくれるわけではないのです。次の作業に進みましょう。

買ってきたアイテムのコーディネートを考え、自分のルックブック（ファッション・コレクション）を作るのです。

たいていの人は、本物のルックブックを作る必要はありません。ただ頭の中でイメージするだけで大丈夫です。でも、私の経験から言うと、少数ではありますが、物理的なルックブックが必要な人もいます。

コーディネートが苦手な人や、そもそもおしゃれ自体が嫌いな人は、ルックブックを作れば文字通り人生が変わるでしょう。

私のクライアントの中にも、ルックブックが手放せなくなっている人がいます。たとえば、アウトドアブランドのアイテムばかり買っていたミーガンも、そんな女性の一人です。何カ月もかけてショッピングをくり返し、クローゼットの中身を充実させて、コーディネートの勉強会も何回か開いたところ、彼女は見違えるようになりました。でも数カ月たったころ、パニックを起こしたミーガンから電話がかかってきました。

「どうしよう――服はたくさんあるんだけど、着られる服が1つもないの！」

もちろん、着るものはたくさんあります。でもミーガンは元々ファッションに興味があるタイプではないので、勉強会で一緒に考えたコーディネートをすっかり忘れてしまっていました。

この場合の対策は、本物のルックブックを作ること。それだけです。そこで私たちは、クローゼットを整理し、各アイテムの使い方を二通りか三通り考え、靴、アクセサリー、アウターも含む全身のコーディネートを完成させました。そして、コーディネートをすべて写真に撮り、ルックブックにしたのです。

そこまでするほどではないけれど、朝クローゼットを開けたときに何も思い浮かばないことがたまにあるという人は、組み合わせの例をいくつかメモしておくと便利です。

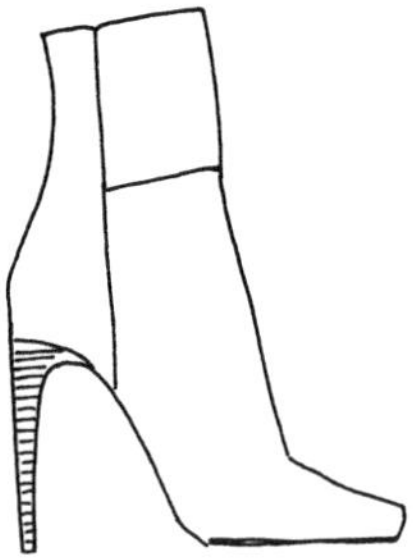

新しいアイテムを買ってきたら、すぐに手持ちのアイテムとの組み合わせを考えましょう。スーツを買ったのなら、別々にして組み合わせを考えます。パンツのほうは、クルーネックのゆったりしたセーターにフラットシューズと合わせれば、オフィスの普段着にできる？　ジャケットのほうは、Tシャツとジーンズに合わせる？

組み合わせたら、写真を撮ります。夜のお出かけにも使えるか考えてみましょう。ジャケットは、スリムなパンツとセクシーなタンクトップに合わせられるかもしれません。そして、服だけで終わりにせず、靴やアクセサリーまで考えましょう。服だけではしっくりしなくても、ネックレスを加えるだけで完璧なコーディネートになることもよくあります。そしてネックレスが決まれば、靴も決まります。

冒険心を忘れずに。似合うかどうかは、実際に着てみるまでわかりません。ジグザグ模様のトップスに、水玉模様のチューリップスカートを合わせ、オレンジ色のヒールを履く――とんでもない組み合わせだと思うかもしれませんが、やってみたらとても大胆で印象的でした。

楽しんでコーディネートしましょう。テーマを決めて、大胆にチャレンジしてください。今日買ったこのリトル・ブラック・ドレスは、フラッパー風にできそう？　そう思ったら、何重もの真珠のネックレスと赤いヒールを合わせてみてください。メイクはアイシャドーを濃く塗って、持っている中で最高にセクシーな口紅をつけてみて。想像力を働かせれば、新しいアイデアがたくさんわいてくるでしょう。新しいアイテムを買ったことで、もらったけれどまったく着ていなかったアイテムの使い道が見つかって、新たなお気に入りになるかもしれません。

手持ちのすべてのアイテムのコーディネートを考え、写真に撮り、インスタグラムやピンタレストなどのウェブサービスを使って自分のルックブックを作る。または、写真をプリントアウトしてスクラップブックにしてもいいでしょう。そこまでしなくても、ちょっとメモしておくだけでも十分に役に立ちます。
この準備をしておくだけで、慌ただしい朝の身支度がまったく変わり、その日の気分や予定にぴったり合ったコーディネートを流れるように選ぶことができます。千鳥格子のタイトスカートを手に取ったら、すぐに組み合わせを三通り考えることができるようになるでしょう。

新しく買ったアイテムだけでなく、クローゼットのすべてのアイテムで組み合わせを考えておくと便利です。雨の日など、時間があるときにおすすめの作業です。私に言わせれば、これも立派な、そして楽しい家事の一つです。

ライフステージの変化に合わせて服も変える

綿密に戦略を立て、冷静にショッピングのミッションを遂行できる環境なら申し分ありません。でも、人生は何が起こるかわかりません。ときにはそんな余裕がないこともあるでしょう。

たとえば、子どもができたとき。

私のクライアントの中にも、子育て中の女性がたくさんいます。エイミーもその一人。エイミーはインテリアコーディネーターで、自分のビジネスを起業するとき、婚約中、そして結婚してからも、ずっと私のクライアントです。そして赤ちゃんが生後8週間のころ、パニックを起こして電話をかけてきました。

クライアントとの約束まであと2時間しかないのに、クローゼットの服がどれも入らない！　お願いだから、これからショッピングに付き合って。もう履き古した楽なパンツで出かけるわけにはいかないの――。

赤ちゃんのいるお母さんは、慢性的に寝不足で、体重が安定せず、トイレの心配もあります。子どもが生まれるまでのエイミーのワードローブは、ドライクリーニングが必要なパンツやペンシルカート、シースルーのシルクのブラウス、ロングネックレスなどでしたが、今のライフステージにはふさわしくありません。それでも、プロとしてきちんとした格好をすることは必要です。エイミーには「お母さん」以外の顔もあるのですから。

解決策はこうです。まずは、デザインのいいジーンズを色違いで何本か買いました。それからソフトな素材のTシャツをたくさん――ボートネック、Vネック、半袖、長袖など、デザインはさまざまです。ゆったりとしたデザインのカラフルなニットを数枚にバレエシューズも買いました。

これでエイミーは、公園へ行っても、他のママたちと比べて劣等感を持つこともなくなりました（その意味でニューヨークの公園は恐ろしい場所です）。赤ちゃんが生まれて、以前はなかった責任が増えましたが、それでもエイミーにとっては、きちんとしたスタイルをするのは大切なことでした。それだけでなく、スタイリッシュでキュートでもいたい。エイミーと同じ悩みを持つ新米ママはたくさんいます。

人生で劇的な変化が起こると、どうしたらいいかわからなくなってしまう――その変化は、急激に体重が増えたことかもしれないし、あるいは減ったことかもしれない。または急な転職かもしれない。そんなとき私たちは、毎日が苦痛の連続になってしまいがちです。だからこそ、変化のときにはワードローブの見直しも必要なのです。今までの服は、新しいライフスタイルや新しい体型にも合っていますか？

そして、いちばん大切なこと——その服は、今のあなたにとって理想のメッセージを発しているでしょうか？

この変化が一時的だとわかっているなら、昔のワードローブのままでもかまいません。安い店へ行き、つなぎの服を買いましょう。

時間をかけてワードローブをそろえる

目的のはっきりしたショッピングで、クローゼットに足りないものを補充する——これだけで大きな前進です。とはいえ、1カ月かそこらでワードローブを完成させるのは不可能でしょう。2カ月や3カ月でもムリだと思います。

なぜでしょうか。それは、100点満点《パーフェクト・》のアイテムを見つけるのは、偶然の出会いの要素もあるからです。

それに、ファッションにはシーズンがあります。だから最低でも、一年は折に触れてミッションとしてのショッピングを行わなくてはなりません。

さらには、生きていればいろいろなことがあります。生活が変わり、体型が変わり、状況が変わる。ワードローブも、それに合わせて変化しなければなりません。そもそも一回のショッピングで一生分のワードローブをそろえるのは、物理的に不可能でしょう。お金もないですし、そこまでの決断力もありません。

でも、これは「いいこと」です。一晩で生まれ変わることをめざすのではなく、長い時間をかけてワードローブを完成させていけば、その過程でセンスや見る目も磨かれていきます。ショッピングも、おしゃれと同じくらい念入りに、じっくりと時間をかけましょう。

Chapter 7

もう服選びで悩まない

理想の自分・理想の人生を手に入れましょう

服には気分を変える力があり、
気分が変われば体験することも変わります。
だから服装に気を配るのは、
気持を明るくする最良の方法なのです。

——ジョージ・ブレシア

あなたを光り輝く新しいワードローブの世界へ送り出すこの瞬間は、私にとっても特別な意味を持っています。スタイリストの仕事でいちばん嬉しいのは、クライアントが変身する過程をこの目で見られること。彼女たちが喜びの悲鳴をあげたり、変身の結果に心から驚いたり、職場やパーティ会場から電話をくれて、言われたほめ言葉を全部教えてくれたりするのを、一緒に体験することができるのです。

でも今回は、あなたと一緒にいることはできません。それが本当に残念です。

もちろんクローゼットの改造に終わりはなく、つねに完璧《パーフェクト》をめざしていかなければなりませんが、ほんの小さな変化を起こすだけでも、すぐに人生を変えるような効果が現れます。本当にそれほどの力があるのです。

さあ、たくさん注目され、たくさんほめられる人生に向けて心の準備をしてください。見られるために装うと、本当に人々があなたを見るようになります。

それにおもしろいことに、友人も、同僚も、それに一回しか会ったことがないような知り合いでも、みんな喜んであなたをほめるようになる。人は変化に気づくのが好きです。そして気づいた変化を、本人に伝えたくてたまらなくなる——しかも、たまたまその日だけおしゃれをしていたというのではなく、ファッションが根本的に変化したのだから、なおさら伝えたくなるでしょう。

実はほめ言葉の裏には、質問が隠されています――どんな秘密があるの？　そして、何か理由があるの？　彼らが知りたがるのは、自分も同じように変身したいからなのです！

人があなたの外見を盛んにほめるのは、きっと何かいいことがあったに違いないと思っているからです。ただ、シャツやヘアスタイルだけの問題ではありません。**あなたは前より幸せそうで、仕事ができそうで、自信がありそうに見えるのです。**彼らは変化に気づき、その変化がどれだけ大きな意味を持つかも理解しています。ほめ言葉をよく聞いておきましょう。この本を通して勉強してきたのだから、今のあなたは、自分のファッションが持つメッセージを誰よりも正しく解読することができます。それでも、第三者のフィードバックもあるに越したことはないでしょう。

あなたがこの本を手に取ったのは、変化を求めていたからです。でも、たとえ自分では心の準備ができていたつもりでも、実際に挑戦してみると、あまりの変わりように驚いたかもしれませんね。変化はそれほど難しいものです。

不安に思うこともあるでしょう。あなたは以前よりも注目を集めることになります。つまり、その新しいブーツで歩く自分に慣れるまで、少し時間が必要になるでしょう。

あるクライアントは、じっと見つめられたり、よくデートに誘われたりするようになったそうです。そんなことは一度もなかったのにとメールに書いていました。それが30代の半ばになって、いきなり男性の注目を集めるようになるのは、いったいどんな気分なのでしょう。本人の言葉を借りれば「最高！」とのこと。

なぜ彼女は、美しい自分をずっと隠していたのでしょう。独身でパートナーを探していた彼女にとって、いきなり男性の注目を集めるようになったという事実は、それまでいかに自分を低く見積もっていたかということの動かぬ証拠です。

たしかに最初は慣れない不安もあるでしょう。でもそれは少しだけで、新しい服を着たあなたは、喜びに満たされて、足取りも軽くなり、ときめきを感じることができるでしょう。

今まではおしゃれに苦手意識しかなかったかもしれませんが、これからはおしゃれするのが楽しくなります。

ずっと悩んできたサイズ、色、スタイルといった問題を解決すれば（そして、クローゼットにため込んでいたいらない服から解放されれば）、おしゃれの新しい楽しみ方が見えてくるでしょう。思いっきり楽しんでください！

楽しめば楽しむほど、あなたのファッションの持つメッセージがどんどんポジティブになっていきます。あなたがめざしているイメージが、仕事のできる女性であっても、セクシーな女性であっても、ポジティブなメッセージになるのは「いいこと」しかありません。

もっと深いレベルの話をすると、変身したあなたは健全な自信にあふれ、堂々と胸を張って歩くようになる。100パーセント満足できる服を着ていると、それだけで最高の気分で一日をスタートすることができます。玄関を一歩出た瞬間から、違いを実感できるでしょう。そしてその先も、人生に「いいこと」がどんどん積み重なっていくばかりです。

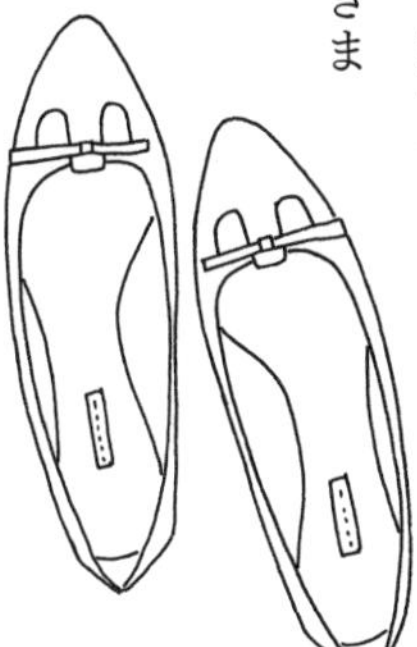

ファッションのメッセージを完璧にコントロールできるようになったあなたは、人生の流れを変える力を手に入れました。

これからどういう物語を語るかは、すべてあなた次第です。

ショッピングの達人になれる7つのポイント

私はこの本を通して、あなたからショッピングへの恐怖を取りのぞくことをめざしてきました。目的意識をしっかり持って、冷静に、自信を持って、ショッピングに臨んでもらうためです。

でもショッピングに慣れてきて、どのブランドの、どのサイズで、どの色を探すのかといったことがはっきりわかるようになったら、そろそろ次のレベルに進みましょう。最高におしゃれなフランス女性、つまり買い物の達人をめざすのです。

クローゼットの大改造が終わったら、この先の買い物で必ず成功するために、次の7つのポイントを心にとめておいてください。

1　自分の問題点を意識する

サイズの合うパンツがなかなか見つからないという人は、つねにパンツのことを意識していてください。嫌なのはわかりますが、あえてパンツの試着をしましょう。そうすれば意外な発見があるかもしれません。完全にあきらめていたスキニージーンズも、自分にぴったり合うブランドが見つかるかもしれない。でもそれも、実際に試着してみなければわかりませんからね。

2　足りないものをつねにチェックする

ＴｏＤｏリストをつねに更新していれば、必要なものが見つかったときにすぐに買うことができます。ヌードカラーのフラットシューズがそろそろ寿命？　それならリストに入れて探しましょう。それに、２３５ページの「新しい服やデザインに挑戦してみる」という目標も忘れないでください。いつもだったら着ないけれど、ファッションの幅を広げてくれそうなアイテムにも目を光らせること。

3　おしゃれの失敗を知る

人生は、いいときもあれば悪いときもあります。ファッションがどうしても決まらない朝もときにはあるでしょう。「やっぱりダメだ」と思って直前になって着替えたときは、そのままにしてはいけません。後で必ず問題の分析をしてください。

そのコーディネートの何が問題だったのか？　何かを引けばよかったのか？　足せばいいのか？　ゆるめのジーンズが、仕事着にふさわしくなかったのか？　それならこのジーンズは週末だけに着て、体にフィットするタンクトップかTシャツ、またはリネンシャツを合わせる、などと考えてみましょう。

4　お気に入りのショップを見つける

まるでオーダーメイドのように、自分にぴったり合う服を置いているショップを見つけることができたら、あなたはとても幸運です。その幸運を生かして、常連になりましょう。シーズンに一度は店へ行き、新作をチェックする。ショップのメールマガジンに登録して、バーゲン情報を見逃さないようにする。小さなショップだったら、大切な顧客としてＶＩＰ待遇を受けられるようになるかもしれません。そうなるといいことがたくさんあります。特別に値引きしてもらえることもあるでしょう。

5　シーズンに合わせて買う&シーズンを外して買う

シーズンごとに買わなきゃならないなんて、売る側がお金を使わせるために勝手に言っているだけでしょう？　そう思いたくなる気持もわかりますが、服が消耗品であるのは事実です。定期的に買い換える必要があるので、シーズンの変わり目はそれを思い出す、よいきっかけになります。新しいシーズンが始まる直前に、クローゼットの在庫確認をして（これについては後で詳しく話します）、足りないものをチェックしましょう。シーズンを外して買うという昔からの戦略は、もちろん今も有効です。在庫一掃セールで掘り出し物が手に入ることもありますからね。

6　見る目を磨く

ファッションに対して敏感になり、自分の服のメッセージを意識するようになったら、今度はその研ぎ澄まされた感覚を他の世界にも広げてください。私はニューヨークの地下鉄に乗っているときに、よく「30秒ファッション・チェック」という遊びをし

ます。私は無意識のうちに人のファッションをチェックしてしまうのですが、完璧なファッションから、惜しいファッション、それにどこからどう見ても大惨事のファッションまで、いろいろな人がいます（大惨事に関しては、いつも言いたいことを我慢するのが大変！）。すぐにあなたも、この遊びを楽しむようになるでしょう。人のファッションをたくさん見て勉強するのです。とてもおしゃれに見える人がいたら、どこにコツがあるのか分析する。グレーのトップスが、輝くような銀髪のボブとよく合っているからなのか？ピーチカラーのジーンズがポップカラーになり、ふんわりした白のカーディガンが全体の印象を柔らかくしているからなのか？

少し惜しいファッションを見つけたら、どこを変えれば完璧になるか考えましょう。頭の中で点数をつけて、盗めるテクニックは盗みましょう。雑誌のファッションが別世界の出来事に見えるなら、現実世界で勉強すればいいのです。

7　お手本を見つける

身近にファッションのお手本を見つけましょう。セレブはあまりにも現実離れしているので参考になりません。いつもおしゃれな同僚はいませんか？　服の組み合わせのセンスが抜群にいい友達は？　そのお手本を基準にします。そして、ショッピングに行ったときや、鏡の前に立ったときに途方に暮れてしまったら、自分にこう尋ねるのです――「あの子だったらこれを着るかしら？」。答えはすぐに出るはずです。

クローゼットは生きている

さあ、あなたとの旅もそろそろ終わり。正直に言うと少し寂しいです！　でも考えてみれば、これは始まりでしかありません。あなたはこの本を読んで、自分自身をふり返り、クローゼットを大改造して、上質な定番と自分らしいアイテムを手に入れました。今度はそれを、一生かけて続けていくことになるのです。

どんなに上質な服でも、いつか着られなくなります。どんな素材にも有効期限があります。だからワードローブの中身は定期的に入れ替えなければなりません。それだけでなく、私たちの人生も変わります。予定通りの変化もあれば、まるで予想外の変化もある。

クローゼットは生き物です。きちんと世話をすれば、10倍のお返しをしてくれるでしょう。

年に2回、クローゼットのすべてのアイテムを手に取り、第5章で勉強した方法を使って一つずつ査定していきます——お直しが必要なもの、買い換えが必要なもの、捨てるもの。205ページからの7つの判断基準も参考にしてください。

棚卸しは、季節の変わり目に行うといいでしょう。たとえあなたの家のクローゼットが広くて、一年分のワードローブをすべて収納することができても、シーズンごとに中を整理して、今のシーズンのアイテムがいちばん手前に来るようにしましょう。また常夏の楽園に住んでいる人も、やはり年に2回は棚卸しをしてください。

棚卸しの時期でなくても、傷《いた》んできているアイテムや、もう似合わなくなったアイテムを見つけたら、すぐに処分してください。

ちなみに、定期的に手持ちのアイテムを処分するのは「いいこと」です。「もったいない」と罪悪感を持つ必要はありません。むしろ自分への贈り物だと思いましょう。

プロのシェフは、冷蔵庫やパントリーに期限切れの食べ物なんて置いておきませんよね。あなたの場合もそれと同じです。責任あるクローゼットのオーナーとして、機能的で楽しいワードローブを維持していきましょう。

人生のスランプもファッションで乗りきれる

人生で確実なことを一つあげるとすれば、それはいつも思い通りとはいかないということ。どんなにがんばっても、どんなに決意が固くても、どんなにこの本の教えを忠実に守って生まれ変わったとしても、スランプに陥るときはあります——そして人生のスランプは、必ず服装に現れます。

スランプになっているなと感じたら、私が教えたマジックを思い出してください。気分の落ち込んだときは、鮮やかな色で気分を盛り上げるのです。ばっちりフルメイクはちょっと……という人は、せめて口紅だけでも明るい色に変えてみましょう。そして髪をアップにすれば完成です。

自分への約束を覚えていますか？　ファッションノートに書いた「マイ・テーマ」

を読み返してみましょう。あなたはその通りに生きていますか？　第2章で説明した朝の身支度のルーティンを守っていますか？

気分が落ち込んでいるときにハードルをさらに高くするなんて、まるで自分をいじめているみたいだと思うかもしれません。でも、それはまったく違います。**服には気分を変える力があり、そして気分が変われば体験することも変わります。だから服装に気を配るのは、沈んだ気持を明るくする最良の方法なのです。**

昔の楽な習慣に戻ってしまわないように注意してください——特別ひどいというわけではないけれど、特におしゃれでもないという、あの昔よく着ていたおなじみの服たちです。

身支度をするときは、いつも「これは100点満点《パーフェクト》？」、「これは何を伝えているの？」と自分に尋ねること。無難な方向に流れそうになったら、その理由を考えてください。

なぜ自分の体を隠そうとするのでしょう？　何か気になることがあるから？　最近、体のメンテナンスはきちんとしていますか？　食事、睡眠、運動はどうですか？　きちんと休んでいますか？

たしかにすてきな服ときれいな色は、たくさんの病気を治すことができます。それでも、本当に物理的な休息が必要なときもあります（そして休息のときも、最高にゴージャスで心地いい部屋着ですごすこと）。

そして何よりも、100点満点のルールを忘れないでください。あなたの究極の目標は、100点満点のパーフェクト・アイテムしか身につけないことです。いいですか、もうそれ以外の選択肢はありません。

「最高のファッション」を毎日の習慣に

この本を書いた大きな目的の一つは、大多数の人が抱いている「おしゃれにはスイッチがあって、オンとオフを切り替えられる」という思い込みを変えることでした。

ほとんどの人は、おしゃれをする日としない日を分けて生活しています。その結果、穴のあいた服をいつまでも持っていたり、統一感のないワードローブになったりするのです。美的感覚が磨かれないので、特別なイベントがあったりすると大慌てすることなります。

練習が完 璧《パーフェクト》を作る――でも完璧になることよりももっと大切なのは、習慣になることです。

一流のバイオリニストは、コンサートの前日だけ徹夜で練習して技術を身につけたのではありません。毎日、何時間も練習しています。そしてコンサートの当日、大勢の聴衆を前にしてスポットライトを浴びたときに、指が本能的に動き、音楽を奏でるのです。あなたもそのレベルをめざしてください。

経験したことがあるかもしれませんが、不健康な食事を続けていると、健康的な食習慣なんてとてもムリと思ってしまう――でもとにかく始めてみて、習慣にしてしまうと、それほど大変ではなくなります。実はこの法則は、人生のすべてに当てはまるのです。意識して身につけた習慣は、無意識の悪い習慣と同じくらいしっかり身につきます。

だから毎朝の身だしなみもおろそかにせず、とことん頭を使う必要があるのです。いつも着ているこのアイテム、本当にそれでいいの？――とことんまで自分を尋問してください。

最初のうちは大変でも、きっとやりがいのある挑戦になるはずです。そして続けているうちに、ずっと簡単になるでしょう。

あなただけのファッションを楽しんで！

最後にもう一つだけアドバイスを。あなたの目標が「デキる女」でも「セクシー」でも、ファッションを楽しめば楽しむほど成功率が上がるのです！　そんなに思い詰めることはありません。ショッピングのときも、身支度のときも、遊び心を忘れないでください。「いつもと違う自分」にもどんどん挑戦しましょう。これは実験です。クローゼットをハッピーな場所にしてください。そうすれば、ポジティブなメッセージが外の世界にも伝わるでしょう。

前にも言ったように、クローゼットは生き物なので、定期的な入れ替えが必要です。これは一生かけて続けていく作業です。

だから、どうせなら好きになりましょう。人生の一部なのだから楽しみましょう。

服にどんなに時間やお金やエネルギーを費やしても、罪悪感を持つ必要はありません。裸で生活することはできませんし、そもそも違法行為ですからね。

でも服を買ったり着たりするのは、完全に合法です。

一度しかない人生ですから、あなた自身と同じくらいすてきな服を着て楽しんでください。

CHANGE YOUR CLOTHES, CHANGE YOUR LIFE
because you can't go naked

by George Brescia

©2014 by George Brescia
Japanese Translation rights arranged
with GMB STYLE, INC. c/o Chase Literary Agency, New York
through Tuttle-Mori Agency, Inc., Tokyo

ニューヨークの人気スタイリストが教える
似合う服がわかれば人生が変わる

発行日 2015年11月20日 第1刷
2015年12月10日 第3刷

Author ジョージ・ブレシア

Translator 桜田直美
Illustrator かとまり
Book Designer 吉村亮 大橋千恵 眞柄花穂(Yoshi-des.)

Publication 株式会社ディスカヴァー・トゥエンティワン
〒102-0093 東京都千代田区平河町2-16-1 平河町森タワー11F
TEL 03-3237-8321(代表)
FAX 03-3237-8323
http://www.d21.co.jp

Publisher 干場弓子
Editor 石橋和佳

Marketing Group
Staff 小田孝文 中澤泰宏 片平美恵子 吉澤道子 井筒浩 小関勝則
千葉潤子 飯田智樹 佐藤昌幸 谷口奈緒美 山中麻吏 西川なつか
古矢薫 伊藤利文 米山健一 原大士 郭迪 松原史与志 蛯原昇
中山大祐 林拓馬 安永智洋 鍋田匠伴 榊原僚 佐竹祐哉 塔下太朗
廣内悠理 安達情未 伊東佑真 梅本翔太 奥田千晶 田中姫菜
橋本莉奈 川島理 倉田華 牧野類 渡辺基志
Assistant Staff 俵敬子 町田加奈子 丸山香織 小林里美 井澤徳子 藤井多穂子
藤井かおり 葛目美枝子 竹内恵子 清水有基栄 小松里絵 川井栄子
伊藤由美 伊藤香 阿部薫 常徳すみ 三塚ゆり子
イエン・サムハマ 南かれん

Operation Group
Staff 松尾幸政 田中亜紀 中村郁子 福永友紀 山﨑あゆみ 杉田彰子

Productive Group
Staff 藤田浩芳 千葉正幸 原典宏 林秀樹 三谷祐一 大山聡子 大竹朝子
堀部直人 井上慎平 松石悠 木下智尋 伍佳妮 賴奕璇

Proofreader 文字工房燦光
DTP アーティザンカンパニー株式会社
Printing 株式会社シナノ

・定価はカバーに表示してあります。本書の無断転載・複写は、著作権法上での例外を除き禁じられています。
インターネット、モバイル等の電子メディアにおける無断転載ならびに第三者によるスキャンやデジタル化もこれに準じます。
・乱丁・落丁本はお取り替えいたしますので、小社「不良品交換係」まで着払いにてお送りください。

ISBN978-4-7993-1802-7
©Discover21.Inc., 2015, Printed in Japan.